浙江省教育科学规划 2022 年度一般规划课题"高等职业学校教师教学创新团队的组织与行为模式研究"(编号:2022SCG008)成果

高职院校教师专业发展与教学创新团队建设研究

李国成　向燕玲 著

浙江工商大学出版社
ZHEJIANG GONGSHANG UNIVERSITY PRESS
·杭州·

图书在版编目(CIP)数据

高职院校教师专业发展与教学创新团队建设研究 /
李国成,向燕玲著. — 杭州:浙江工商大学出版社,
2022.5

ISBN 978-7-5178-4918-6

Ⅰ. ①高… Ⅱ. ①李… ②向… Ⅲ. ①高等职业教育
－师资培养－研究－中国 Ⅳ. ①G718.5

中国版本图书馆 CIP 数据核字(2022)第 068626 号

高职院校教师专业发展与教学创新团队建设研究

GAOZHI YUANXIAO JIAOSHI ZHUANYE FAZHAN YU JIAOXUE CHUANGXIN TUANDUI JIANSHE YANJIU

李国成   向燕玲 著

策划编辑	王黎明
责任编辑	张　玲
责任校对	沈黎鹏
封面设计	浙信文化
责任印制	包建辉
出版发行	浙江工商大学出版社
	(杭州市教工路 198 号　邮政编码 310012)
	(E-mail:zjgsupress@163.com)
	(网址:http://www.zjgsupress.com)
	电话:0571－88904970,88831806(传真)
排　　版	杭州朝曦图文设计有限公司
印　　刷	杭州高腾印务有限公司
开　　本	710mm×1000mm　1/16
印　　张	12
字　　数	184 千
版 印 次	2022 年 5 月第 1 版　2022 年 5 月第 1 次印刷
书　　号	ISBN 978-7-5178-4918-6
定　　价	48.00 元

前　言

　　百年大计,教育为本;教育大计,教师为本。《中共中央、国务院关于全面深化新时代教师队伍建设改革的意见》强调要重视教师专业发展,促进教师专业发展。大力发展高等职业教育是国家提升竞争力的重要举措,是优化高等教育结构和培养大国工匠、能工巧匠的重要方式,肩负着培养多样化人才、传承技术技能、促进就业创业的重要职责。国家发展新征程中,职业教育前途广阔、大有可为。

　　2019年1月,国务院印发的《国家职业教育改革实施方案》明确职业教育作为一种教育类型,开启了职业教育改革发展的新征程。师资队伍建设成为高等职业教育发展的关键环节。同年8月,教育部联合四部门印发《深化新时代职业教育"双师型"教师队伍建设改革实施方案》提出要建成一支师德高尚、技艺精湛、专兼结合、充满活力的高素质"双师型"教师队伍。2021年10月,中共中央办公厅、国务院办公厅印发了《关于推动现代职业教育高质量发展的意见》,提出在推进高等职业教育高质量发展进程中,需要建设一支高素质"双师型"的教师队伍。我国正面临建设更高水平职业教育师资队伍的艰巨任务,随着现代职业教育高质量发展目标的提出,这一任务显得更为迫切。

　　为贯彻落实《国家职业教育改革实施方案》,特别是在围绕深化教师、教材、教法改革方面,高职教育战线在促进教师专业发展和打造教师教学创新团队方面进行了持续的探索与实践。本书在梳理总结上述探索与实践的基础上,从剖析高职院校教师专业发展的内涵、特征和功能入手,聚焦教师专业发展和教师教学创新团队两大主题,着重围绕提质培优与教师专业发展、现代学徒制与教师专业发展、教育大数据与教师专业发展、"1＋X"证书制度与教师专业发展、教师教学创新团队建设等方面对职业教育教师专业发展做出深入的阐述与分析,提出新时代中国特色高职院校教师专业发展的实施路径与优化策略。

　　本书为浙江省教育科学规划2022年度一般规划课题"高等职业学校教

师教学创新团队的组织与行为模式研究"（编号：2022SCG008）成果；杭州市哲学社会科学规划课题"双高背景下'双师型'教师教学创新团队建设研究"（编号：M21JC036），杭州市咨询委研究课题"现代职业教育高质量发展'杭州范例'创建研究"的阶段性研究成果。

　　本书在撰写过程中得到了杭州科技职业技术学院国家级职业教育教师教学创新团队——物联网应用技术团队同仁们的热忱鼓励和鼎力支持，在此深表感谢。同时感谢浙江工商大学出版社为本书的出版提供大力支持和帮助。

　　由于作者水平有限，书中难免有不当及片面之处，敬请各位专家和读者批评指正。

李国成　　向燕玲

2022 年 3 月

第五章 "1＋X"证书制度与教师专业发展

第六章 教师教学创新团队建设研究

第七章 教师教学创新团队建设案例

Chapter 1

第一章

高职院校教师专业
发展概述

新时期职业教育成为教育改革的战略重点,《国家职业教育改革实施方案》是新时期职业教育改革的顶层设计,职业教育作为一种教育类型,开启了职业教育改革发展的新征程。随后国家推出了中国特色高水平高职学校和专业建设计划、"1+X"证书制度试点、高水平结构化教师教学创新团队建设、"三教改革"、国家资历框架建设、本科职教试点、产教融合型企业建设(改革)项目。教师是高职院校教育教学工作的主要实施者,是教育教学改革的关键。教育教学工作随着时代背景的变化而不断变化,因此教师的能力也应该不断提升。20 世纪 90年代后,我国教育界开始积极推动建立"双师型"教师队伍建设,新时代对高等职业学校教师有了新的要求,全面提高职业院校教师质量,建设一支高素质"双师型"的教师队伍是职业教育现代化的必然要求。随着职业教育的发展,高职院校逐步形成一支结构合理的专任教师队伍,但同时也看到了存在的问题。

高职院校教师专业发展内涵与实践探索

　　摘　要:高职院校教师不仅要掌握专业理论知识,还要具备实践操作能力。"双师型"教师(同时具备理论教学和实践教学能力的教师)成为高职教育高质量发展的基础保障。"双师型"教师培养培训是我国职业教育中投入最多也是最为活跃的领域之一,国家层面的主要措施有:建立职业教育师资队伍培养基地,实施职业院校教师素质提高计划,实施教师企业实践制度。

　　关键词:高职院校;教师专业发展;"双师型"教师;教师培养

　　教师专业化发展是当今世界各国教师教育改革的基本目标,也是各国提高教育质量的重要途径。职业教育教师既是职业教育改革的重要参与者,也是职业教育改革的核心主体,教师队伍建设是高职教育发展的关键点。通过对我国职教师资队伍建设政策的梳理发现,我国历来重视高职院校的教师队伍建设,"双师型"教师队伍建设是职教师资队伍建设"中国特色"的集中体现,目前我国已初步建立了涵盖职前培养、职后素质提高的培养培训制度框架。

一、高职院校教师专业发展内涵

(一)教师专业发展内涵剖析

　　1966 年联合国教科文组织和国际劳工组织在法国巴黎共同发布的《关于教师的地位建议》指出:"应把教育工作视为专门的职业,这种职业要求教师经过严格的、持续的学习,获得并保持专门的知识和特别的技术。"这一表述从职业层面肯定教师的专业性,认为教师和医生、律师一样,是一个高度规范化、技术化的职业,不是人人都可以做教师,只有达到了特定的德、智、体、美、劳等方面的要求,并通过特殊的训练、培训或考试获得教师资格,才可获得教师称谓。基于这种认知,教师专业知识的分化程度、专业技能的成熟程度、专业制度的完善程度及专业精神的境界水平通常被指定为教师专业发展的核心要素。从发展层面来看,我们要注重教师发展,关注教师从非专业到准专业,再到专业化的发展历程。在这一发展历程中,教师的专业认知演变、教师的经验丰富历程、教师的福利待遇、教师的社会地位及专业声望都在教师专业发展研究中受到推崇。1980 年,《世界教育年鉴》以"教师的专业发展"为主题发表了一系列文章,提出教师专业化的目标有两个:一是把教师视为社会职业分层中的一个阶层,专业化的目标是争取专业的地位与权利及力求集体向上流动,这种将教学工作放在整体社会结构中的分析是社会学者的研究取向;二是把教师视为提供教育教学服务的专业工作者,专业化的目标是发展教师教育教学的知识和技能,提高教育教学的水平,这种以发展教师的专业能力为目标的取向应是教育工作者所追求的。

(二)高职院校教师专业发展内涵剖析

职业教育与普通教育是两种不同教育类型,职业教育是国民教育体系和人力资源开发的重要组成部分,肩负着培养多样化人才、传承技术技能、促进就业创业的重要职责。高职教育是培养高素质劳动者和技术技能人才为定位的高等教育,是培养大国工匠、能工巧匠的重要方式。教育学中有一个基本道理:一切教育的质量保障在教师。这对职业教育来说同样如此。伴随着职业教育体系的逐步完善和发展,各级教育行政部门一直在努力探索如何培养高质量的师资队伍。但是与其他教育相比,高职教育师资培养要复杂得多,主要原因来自两个方面:第一,高职教育教师来源不像其他教育那样单一,它需要教师不可能全部由大学来培养,除了大学毕业生这个教师来源渠道外,还需要大量来自企业的技术专家;第二,职业教育教师的能力结构更为复杂,它需要教师不仅要掌握专业理论知识,还要具备实践操作能力。为了解决这两大问题,各级教育行政部门在职业教育教师培养方面进行了多样化探索,积累了大量经验,同时也留下了不少探索的空间。

二、"双师型"教师发展

国将兴,必贵师而重傅。我国历来重视高职院校师资队伍建设,在 20 世纪 90 年代开启高职教育大发展步伐的同时,师资队伍建设就提上了日程。高职教育人才培养目标决定了高职院校的教师要具备深厚的理论基础和科学研究能力,同时,还必须具有与行业发展相一致的技术知识;不仅要传授专业知识,还要具备将这些知识融入专业课教学的能力,而且还要能够制订解决问题的方案。因此,"双师型"教师成为改革开放以后职教教师培养与管理的灵魂所在,成为高职教育高质量发展的基础保障。"双师型"教师的概念范围经历了从"特指一类教师个体的素质要求"到"对职业教育教师队伍的整体素质要求"的转变。

(一)"双师型"教师

"双师型"教师概念的形成源于办学实践。1978—1994 年,国家十分强调职业教育教师的特殊性,但教育文件中一直没有出现过"双师型"教师一词。1990 年 12 月,《中国教育报》刊载了上海冶金专科学校仪电系主任王义登的《努力建设"双师型"教师队伍》。这是我国最早明确提出"双师型"教师概念的文献。

1995 年 12 月,"双师型"教师的提法第一次出现在官方教育文件中。《关于开展建设示范性职业大学工作的通知》中"申请试点建设示范性职业大学的基本条件"的第四条为:有一支专兼职结合、结构合理、素质较高的教师队伍,专业课教师和实习指导教师具有一定的专业实践能力,其中有 1/3 以上的"双师型"教师。

1998 年 2 月,国家教育委员会印发了《面向二十一世纪深化职业教育教学改革的原则意见》。文件一方面指明培养"双师型"教师的重要渠道,即将教师派往企业单位进行实践锻炼;另一方面将"双师型"教师的范围从专业课和实习指导教师扩大到文化课教师。

1999 年《中共中央、国务院关于深化教育改革全面推进素质教育的决定》提出,加快建设兼有教师资格和其他专业技术职务的"双师型"教师队伍,将教师资格和专业技术职务作为"双师型"教师的两个要求。当"双师型"教师用于表明对职教教师个体的要求时,主要强调的是教师素质和能力。

2004年,《教育部办公厅关于全面开展高职高专院校人才培养工作水平评估的通知》发布,首次使用"双师素质"的概念,并明确了"双师素质"教师的基本要求,即不仅包括一定水平的教育教学能力,也包括在企业中形成的专业实践能力和应用科研能力。该通知分别从专业技术职称、实际工作经历与技能证书、应用技术研究和实践教学设施建设与提升等四个方面对"双师型"教师的素质要求进行了诠释。

2008年,教育部发布的《高等职业院校人才培养工作评估方案》中将高职院校的"双师型"教师专业素质界定为:"既具有教师资格,又具备下列条件之一:①具有本专业中级以上技术职称及职业资格,并在近五年主持(或主要参与)过校内实践教学设施提升技术水平的设计安装工作,使用效果好,在省内同类院校中居先进水平;②近五年中有累计两年以上在企业第一线从事本专业实际工作经历,能全面指导学生专业实践实训活动;③近五年主持(或主要参与)过应用技术研究,成果已被企业使用,效益良好。"

(二)"双师型"教师队伍

作为对教师个体要求的"双师型"教师在办学实践中往往被"双职称说""双能力说""双来源说"所替代,从整体教师队伍建设的角度来说,全面提升教师"双师素质"并非一朝一夕能实现。建立"双师型"教师队伍显得更为可行。"双师型"教师队伍的概念,指对职业教育教师队伍的整体素质要求,除了教师个体素质要求外,还包括教师队伍构成方面的要求。

1999年9月,《中共中央、国务院关于深化教育改革全面推进素质教育的决定》提出,注意吸收企业优秀工程技术和管理人员到职业学校任教,加快建设兼有教师资格和其他专业技术职务的"双师型"教师队伍,明确将企业优秀在职人员作为"双师型"教师队伍的重要来源。

2002年,《教育部办公厅关于加强高等职业(高专)院校师资队伍建设的意见》指出,各类高职(高专)院校一方面要通过支持教师参与产学研结合、专业实践能力培训等措施,提高现有教师队伍的"双师素质";另一方面要重视从企业引进既有工作经验，又有扎实理论基础的高技术人员和管理人员充实教师队伍。文件再次明确"双师型"教师队伍在个体素质和队伍构成方面的基本思路与要求。

2010 年 7 月《国家中长期教育改革和发展规划纲要（2010—2020 年）》发布，提及"双师型"教师队伍，主要涉及三个方面：一是明确基础地位，加强"双师型"教师队伍和实训基地建设，提升职业教育基础能力，强调"双师型"教师任是职业教育基础能力的重要组成部分；二是加强培养培训，依托相关高等学校大中型企业，共建"双师型"教师培养培训基地，完善教师定期到企业实践制度；三是优化引进制度，完善相关人事制度，聘请（聘用）具有实践经验的专业技术人员和高技能人才担任专兼职教师，提高持有专业技术资格证书和职业资格证书教师的比例。

2016 年 11 月，《教育部、财政部关于实施职业院校教师素质提高计划（2017—2020 年）的意见》明确提出要加快建成一支师德高尚、素质优良、技艺精湛、结构合理、专兼结合的高素质专业化的"双师型"教师队伍。

三、职业院校教师培养培训模式探索

职业院校教师培训是我国职业教育中投入最多，也是最为活跃的领域之一，各级各类师资培训项目（计划）层出不穷。

（一）建立职业教育师资队伍培养基地

1998 年教育部《面向 21 世纪教育振兴行动计划》提出，"依托普通高等学校和高等职业技术学院，重点建设 50 个职业教育专业教师和实习指导教师培养培训基地，地方也要加强职业教育师资培训基地建设"。1999 年 7 月，教育部办公厅印发了《关于组织推荐全国重点建设职业教育师资培训基地的通知》，职教师资培养培训基地的建设工作正式启动。教育部于 1999 年、2000 年、2001 年分三批依次遴选确定了 20 个、24 个、8 个全国重点建设职教师资培训基地，分别设在 52 所大学、专科院校和中专学校中。此后教育部对基地继续进行了扩充，并把"培训基地"改为了"培养培训基地"。2003 年教育部批准华中科技大学、集美大学为全国重点建设职业教育师资培养培训基地；2007年教育部批准清华大学、北京理工大学作为全国重点建设职业教育师资培养培训基地；2012年教育部批准天津职业大学等33个单位为全国重点建设职业教育师资培养培训基地，共建成了101个全国重点建设职业教育师资培养培训基地。

全国重点建设职业教育师资培养培训基地对地方起了积极示范作用。在建设全国重点建设职业教育师资培养培训基地的同时，至2012年，共建成了300多个地方职业教育师资培养培训基地，基本形成了以国家基地为龙头、省级基地为主体，灵活开放的职教师资培养培训体系。

（二）实施职业院校教师素质提高计划

自2006年开始，每隔5年，教育部、财政部会定期发布职业院校教师素质提高计划，对加强职业院校高素质"双师型"教师队伍建设进行顶层设计，目标任务的变化详见表1。

表1　职业院校教师素质提高计划

文件名称	目标任务
《教育部、财政部关于实施中等学校教师素质提高计划的意见》（教职成〔2006〕13号）	到2010年，培训15万名中等职业学校（含办学特色鲜明、成绩突出的技工类学校）专业骨干教师，其中中央财政重点支持培训3万名，省级培训12万名，优化教师队伍的素质结构，提高职业教育教学水平； 支持全国重点建设职教师资培养培训基地和全国职教师资专业技能培训示范单位，开发80个专业的师资培养培训方案、课程和教材，适应职教教师培养培训的需要； 支持中等职业学校面向社会聘请专业技术人员、高技能人才兼职任教，促进队伍结构的优化，推动教师队伍建设的制度创新
《教育部、财政部关于实施职业院校教师素质提高计划的意见》（教职成〔2011〕14号）	2011—2015年，组织45万名职业院校专业骨干教师参加培训，其中中央财政重点支持培训10万名，省级培训35万名，提高教师的教育教学水平特别是实践教学和课程设计开发能力； 支持2万名中等职业学校青年教师到企业实践，提高教师的产业文化素养和专业技能水平； 支持职业院校设立兼职教师岗位，优化职业院校教师队伍的人员结构； 支持国家职业教育师资基地重点建设300个职教师资专业点，开发100个职教师资本科专业的培养标准、培养方案、核心课程和特色教材，加强基地的实训条件和内涵建设，完善适应教师专业化要求的培养培训体系

续 表

文件名称	目标任务
《教育部、财政部关于实施职业院校教师素质提高计划(2017—2020年)的意见》(教师〔2016〕10号)	2017—2020年,组织职业院校教师校长分层分类参加国家级培训,带动地方有计划、分步骤实施五年一周期的教师全员培训,提高教师"双师素质"和校长办学治校能力; 支持开展中职、高职、应用型高校教师团队研修和协同创新,创建一批中高职教师专业技能创新示范团队; 推进教师和企业人员双向交流合作,建立教师到企业实践和企业人才到学校兼职任教常态化机制; 通过示范引领、创新机制、重点推进、以点带面,切实提升职业院校教师队伍整体素质和建设水平,加快建成一支师德高尚、素质优良、技艺精湛、结构合理、专兼结合的高素质专业化的"双师型"教师队伍
《教育部、财政部关于实施职业院校教师素质提高计划(2021—2025年)的意见》(教师函〔2021〕6号)	发挥示范引领作用,带动地方健全完善职业院校教师培训体系和全员培训制度,打造高水平、高层次的技术技能人才培养队伍; 创新培训方式,重点支持骨干教师、专业带头人、名师名校长和培训者等的能力素质提升; 教师按照国家职业标准和教学标准开展教育教学、培训和评价的能力全面提高,分工协作进行模块化教学的模式全面实施,"双师型"教师和教学团队数量基本充足,校企共建一批"双师型"教师培养培训基地,现代职业教育师资培训体系基本健全

这四份计划在时间上保持了良好的连续性。随着职业教育不断发展,职业院校教师素质提高计划的目标任务也不断变化,以更好地推动职业教育高质量发展。2021年的计划有三大创新之处:一是深化"三教"改革,提升教育质量。推出课程实施能力提升、信息技术应用能力提升、"1＋X"证书制度种子教师培训、公共基础课教学能力提升、访学研修五大举措,切实提升职业院校教师队伍整体素质和建设水平。二是校企双向交流,深化产教融合。一方面选派职业院校青年教师到国家级教师企业实践基地,采用教师企业实践流动站顶岗、参与研发项目、兼职任职等方式,开展产学研训一体化岗位实践;另一方面支持职业院校设立一批产业导师特聘岗,采取兼职任教、合作研究、参与项目等方式,聘请企业工程技术人员、高技能人才、管理人员、能工巧匠等到学校工作,建立教师到企业实践和企业人才到学校工作的常态化机制。三是启动"双名"工程,发挥示范作用。开展名师、名匠

团队培育、名校长、书记培育、培训者团队建设,通过示范引领、重点推进、以点带面,提高教师"双师素质"和校长办学治校能力,努力造就一支师德高尚、技艺精湛、专兼结合、充满活力的高素质"双师型"教师队伍。

(三)实施教师企业实践制度

实践能力是"双师型"教师专业知识和能力的重要组成部分。1998年2月16日,国家教育委员会印发的《面向二十一世纪深化职业教育教学改革的原则意见》提出了"双师型"教师的培养要求,即要培养既能讲授理论,又能指导学生进行实践操作的教师。该文件提出要采取教师到企事业单位进行见习和锻炼等措施,使文化课教师了解专业知识,使专业课教师掌握专业技能,提高广大教师特别是中青年教师的实践能力。该文件首次提出组织教师到企业进行见习的构想。2001年3月5日,教育部将上海宝钢集团公司、海尔集团、苏州工业职业技术学院等6家单位列为首批全国职业教育师资专业技能培训示范单位,为职校教师企业实践制度的建立奠定了基础。

2006年9月28日,教育部印发《关于建立中等职业学校教师到企业实践制度的意见》,明确提出建立中等职业学校到企业实践制度:中等职业学校专业课教师、实习指导教师每两年必须有两个月以上时间到企业或生产服务一线实践,各地教育行政部门要结合本地区职业学校专业设置的情况,协调相关行业部门,选择一批在行业中代表性较强、技术水平较高、职工培训基础较好、重视和支持职业教育发展的骨干企业,作为重点联系的职教师企业实践基地。在这一文件指导下,教师企业实践基地建设成了职业教育师资培养体系建设的重要内容。至2011年,教师企业实践单位达到100个,省级基地和企业实践单位进一步优化布局、突出特色。至2012年共建成400家职业教育教师企业单位。

2014年5月,国务院发布《关于加快发展现代职业教育的决定》,要求"实施职业院校教师素质提高计划,地方各级财政要继续支持职业教育师资培养培训基地建设和师资培训工作。建立职业教育教师到企业实践制度,专业教师每两年必须有两个月到企业或生产服务一线实践"。

2015年7月,教育部发布《关于深化职业教育教学改革全面提高人才培养质量的若干意见》,提出"建设一批职教师资培养培训基地和教师企业实践基地,积极探索高层次'双师型'教师培养模式",并要求落实五年一周期的教师全员培训制度,实行新任教师先实践、后上岗和教师定期实践制度,培养造就一批"教练型""教学名师和专业带头人"。

2015 年 10 月,教育部印发《高等职业教育创新发展行动计划(2015—2018 年)》,针对高职教师专门提出:围绕提升专业教学能力和实践动手能力,健全专科高等职业院校专任教师的培养和继续教育制度;推进高水平大学和大中型企业共建"双师型"教师培养培训基地,探索"学历教育＋企业实训"的培养办法;完善以老带新的青年教师培养机制;建立教师轮训制度;专业教师每五年企业实践时间累计不少于 6 个月。

2016 年 5 月,教育部等七部门印发《职业学校教师企业实践规定》,要求没有企业工作经历的新任教师应先实践再上岗,公共基础课教师也应定期到企业进行考察、调研和学习。该文件还提出国家和省级教育行政部门应会同行业主管部门依托现有资源,遴选一批共享开放的示范性教师企业实践基地,引导职业学校整合校内外企业资源建设具备生产能力的校级教师企业实践基地,逐步建立和完善教师企业实践体系。

【参考文献】

[1] 石伟平,匡瑛.职业教育[M].北京:科学出版社,2018.

[2] 徐国庆.从分等到分类:职业教育改革发展之路[M].上海:华东师范大学出版社,2018.

[3] 何杨勇.职教"双师型"教师的专业知识和教育教学知识分析[J].职教论坛,2021,37(4):89-95.

[4] 平和光,程宇,岳金凤.推进职业教育师资队伍建设 夯实职业教育立教之本:改革开放 40 年我国职业教育师资队伍建设综述[J].职业技术教育,2018,39(27):6-15.

[5] 左彦鹏.高职院校"双师型"教师专业素质研究[D].大连:辽宁师范大学,2016.

[6] 邓欣.建立现代职业教育体系背景下高职院校师资队伍建设的深层思考[J].理论界,2013(8):186-188.

新时代对高职院校教师专业发展的要求

摘　要:职业教育教师政策框架由法律层面的宪法、教育法、教师法、职业教育法等,及中共中央、国务院法规文件,行政职能部门文件(教育部、人力资源社会保障部等)等进行规定,通过政策来把握新时代国家对高等职业学校教师发展的新要求。

关键词:新时代;高职院校;教师发展;新要求

一、中共中央、国务院法规文件

(一)《关于全面深化新时代教师队伍建设改革的意见》

2018 年 1 月,由中共中央、国务院关印发的《关于全面深化新时代教师队伍建设改革的意见》(以下简称《意见》),是中华人民共和国成立以来党中央出台的第一个专门面向教师队伍建设的里程碑式政策文件,将教育和教师工作提到了前所未有的政治高度。中国梦的实现,关键在人才,基础在教育,根本在教师。全面深化新时代教师队伍建设,是中国特色社会主义进入新时代的必然要求。改革的目的是要培养造就党和人民满意的高素质专业化创新型教师队伍,提高教育质量满足人民日益增长的美好生活需要。《意见》指出,教师承担着传播知识、传播思想、传播真理的历史使命,肩负着塑造灵魂、塑造生命、塑造人的时代重任,是教育发展的第一资源,是国家富强、民族振兴、人民幸福的重要基石。《意见》中对新时代教师的要求见图 1。

《意见》提出了对高职院校教师建设的目标:全面提高职业院校教师质量,建设一支高素质"双师型"的教师队伍。具体措施有:①继续实施职业院校教师素质提高计划,引领带动各地建立一支技艺精湛、专兼结合的"双师

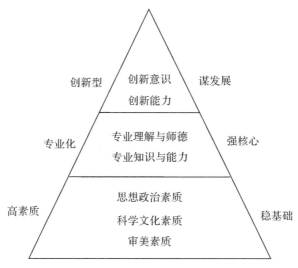

图1　《意见》对新时代教师的要求

型"教师队伍;②加强职业技术师范院校建设,支持高水平学校和大中型企业共建"双师型"教师培养培训基地,建立高等学校、行业企业联合培养"双师型"教师的机制;③切实推进职业院校教师定期到企业实践,不断提升实践教学能力;④建立企业经营管理者、技术能手与职业院校管理者、骨干教师相互兼职制度;⑤完善职业院校教师资格标准,探索将行业企业从业经历作为认定教育教学能力、取得专业课教师资格的必要条件;⑥落实职业院校用人自主权,完善教师招聘办法;⑦推动固定岗和流动岗相结合的职业院校教师人事管理制度改革;⑧完善职业院校教师考核评价制度,"双师型"教师考核评价要充分体现技能水平和专业教学能力;⑨推动高等学校教师职称制度改革;⑩推进高等学校教师薪酬制度改革。

（二）《中国教育现代化2035》

2019年2月,中共中央、国务院印发的《中国教育现代化2035》是加快推进教育现代化、建设教育强国、办好人民满意的教育的纲领性文件。总体目标:到2035年,总体实现教育现代化,迈入教育强国行列,推动我国成为学习大国、人力资源强国和人才强国。《中国教育现代化2035》聚焦教育发展的突出问题和薄弱环节,立足当前,着眼长远,重点部署了面向教育现代化的十大战略任务(见图2)。

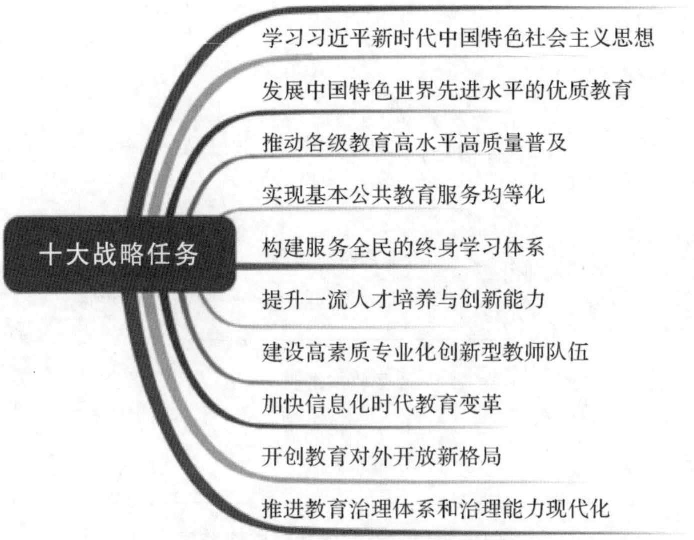

图2　面向教育现代化的十大战略任务

　　十大战略任务中有一项任务是针对教师队伍建设的,明确了师资队伍建设的目标:建设高素质专业化创新型教师队伍。高素质、专业化、创新型成为新时代教师的要求。具体措施有:①大力加强师德师风建设,将师德师风作为评价教师素质的第一标准,推动师德建设长效化、制度化;②加大教职工统筹配置和跨区域调整力度,切实解决教师结构性、阶段性、区域性短缺问题;③完善教师资格体系和准入制度;④健全教师职称、岗位和考核评价制度;⑤培养高素质教师队伍,健全以师范院校为主体、高水平非师范院校参与、优质中小学(幼儿园)为实践基地的开放、协同、联动的中国特色教师教育体系;⑥强化职前教师培养和职后教师发展的有机衔接;⑦夯实教师专业发展体系,推动教师终身学习和专业自主发展;⑧提高教师社会地位,完善教师待遇保障制度,健全中小学教师工资长效联动机制,全面落实集中连片特困地区生活补助政策;⑨加大教师表彰力度,努力提高教师政治地位、社会地位、职业地位。

(三)《国家职业教育改革实施方案》

　　2019年1月,国务院正式印发的《国家职业教育改革实施方案》(以下简称《方案》),是新时代中国特色社会主义教育总体部署的组成部分,是办好新时代职业教育的顶层设计和施工蓝图,开启了职业教育改革发展的新征程。《方案》指出要把职业教育摆在教育改革创新和经济社会发展中更加突出的位置,没有职业教育现代化就没有教育现代化。为下好这盘大棋,《方案》把奋力办好新时代职业教育的决策部署细化为若干具体行动,提出了 7 个方面 20 项政策举措,为此《方案》又被称为"职教 20 条"。

《方案》在教师队伍方面的建设目标:"双师型"教师(同时具备理论教学和实践教学能力的教师)占专业课教师总数超过一半,分专业建设一批国家级职业教育教师教学创新团队。具体举措有:①新教师招聘改革,从 2019 年起,职业院校、应用型本科高校相关专业教师原则上从具有 3 年以上企业工作经历并具有高职以上学历的人员中公开招聘,特殊高技能人才(含具有高级工以上职业资格人员)可适当放宽学历要求,2020 年起基本不再从应届毕业生中招聘;②加强职业技术师范院校建设,优化结构布局,引导一批高水平工科学校举办职业技术师范教育;③实施职业院校教师素质提高计划,建立 100 个"双师型"教师培养培训基地,职业院校、应用型本科高校教师每年至少 1 个月在企业或实训基地实训,落实教师 5 年一周期的全员轮训制度;④探索组建高水平、结构化教师教学创新团队,教师分工协作进行模块化教学;⑤定期组织选派职业院校专业骨干教师赴国外研修访学;⑥在职业院校实行高层次、高技能人才以直接考察的方式公开招聘;⑦建立健全职业院校自主聘任兼职教师的办法,推动企业工程技术人员、高技能人才和职业院校教师双向流动;⑧职业院校通过校企合作、技术服务、社会培训、自办企业等所得收入,可按一定比例作为绩效工资来源。

(四)《关于推动现代职业教育高质量发展的意见》

为贯彻落实全国职业教育大会精神,推动现代职业教育高质量发展,2021 年 10 月,中共中央办公厅、国务院办公厅印发了《关于推动现代职业教育高质量发展的意见》,文件指出职业教育是国民教育体系和人力资源开发的重要组成部分,肩负着培养多样化人才、传承技术技能、促进就业创业的重要职责。在全面建设社会主义现代化国家新征程中,职业教育前途广阔、大有可为。文件还就各阶段主要目标做了说明:到 2025 年,职业教育类型特色更加鲜明,现代职业教育体系基本建成,技能型社会建设全面推进。

办学格局更加优化,办学条件大幅改善,职业本科教育招生规模不低于高等职业教育招生规模的 10%,职业教育吸引力和培养质量显著提高。到 2035 年,职业教育整体水平进入世界前列,技能型社会基本建成。技术技能人才社会地位大幅提升,职业教育供给与经济社会发展需求高度匹配,在全面建设社会主义现代化国家中的作用显著增强。

《关于推动现代职业教育高质量发展的意见》中关于教师队伍建设的总体要求,即强化"双师型"教师队伍建设。具体措施有:①加强师德师风建设,全面提升教师素养;②完善职业教育教师资格认定制度,在国家教师资格考试中强化专业教学和实践要求;③制定"双师型"教师标准,完善教师招聘、专业技术职务评聘和绩效考核标准;④按照职业学校生师比例和结构要求配齐专业教师;⑤加强职业技术师范学校建设;⑥支持高水平学校和大中型企业共建"双师型"教师培养培训基地,落实教师定期到企业实践的规定,支持企业技术骨干到学校从教,推进固定岗与流动岗相结合、校企互聘兼职的教师队伍建设改革;⑦继续实施职业院校教师素质提高计划。

二、行政职能部门文件

(一)《关于加强新时代高校教师队伍建设改革的指导意见》

为了全面贯彻习近平总书记关于教育的重要论述和全国教育大会精神,深入落实中共中央、国务院印发的《关于全面深化新时代教师队伍建设改革的意见》和《深化新时代教育评价改革总体方案》,加强新时代高校教师队伍建设改革,2020 年 12 月,教育部等六部门印发了《关于加强新时代高校教师队伍建设改革的指导意见》(以下简称《指导意见》)。它对全面深化新时代教师队伍建设改革进行了任务部署,其目的是培养造就一支师德高尚、业务精湛、结构合理、充满活力的高素质专业化教师队伍。《指导意见》针对加强高校教师队伍建设提出了 20 条重点举措,主要包括 8 个方面。

一是明确新时代高校教师队伍建设的指导思想和目标任务。提出高校教师队伍建设方向,确立实现教师队伍治理体系和治理能力现代化的目标。

二是提升教师思想政治素质和师德素养。针对高校教师思想政治工作实效性有待加强、师德建设长效机制不完善等问题，提出加强思想政治引领、培育弘扬高尚师德、强化师德考评落实等3条举措。以强化党对高校的政治领导，完善教师思想政治工作组织管理体系，充分发挥高校党委教师工作部在教师思想政治工作和师德师风建设中的统筹作用。强化高校教师"四史"学校教育，规范学时要求，在一定周期内做到全员全覆盖，引导广大教师坚持"四个相统一"，争做"四有"好老师，当好"四个引路人"，增强"四个意识"、坚定"四个自信"、做到"两个维护"。

三是着力提升教师专业素质能力。针对高校教师发展制度不系统、教师培训针对性和实效性不高、教师发展支持服务体系不健全等问题，明确健全高校教师发展制度、夯实高校教师发展支持服务体系等2项举措。健全教师发展体系，系统化建立教师发展的培训制度、保障制度、激励制度和督导制度，健全教师发展组织体系。

四是完善现代高校教师管理制度。针对部分地区对高校选聘教师用人权下放不够、教师岗位管理不够灵活、教师考核评价体系单一、教师兼职和兼职教师管理不完善等问题，提出完善高校教师聘用机制、加快高校教师编制岗位管理改革、强化高校教师教育教学管理、推进高校教师职称制度改革、深化高校教师考核评价制度改革、建立健全教师兼职和兼职教师管理制度等6项举措。充分落实高校用人自主权，出台高校教师职称制度改革的指导意见，完善教师职称评审标准，分类设置评价指标，确定评审办法。突出质量导向，注重凭能力、实绩和贡献评价教师，破除"五唯"和论文"SCI至上"。

五是切实保障高校教师待遇。针对高校绩效工资制度活力不够、薪酬分配机制不完善等问题，提出推进高校薪酬制度改革、完善高校内部收入分配激励机制等2项举措。落实以增加知识价值为导向的收入分配政策，扩大高校工资分配自主权，探索建立符合高校特点的薪酬制度。在保障基本工资水平正常调整的基础上，合理确定高校教师工资收入水平，并向高层次人才密集、承担教学科研任务较重的高校加大倾斜力度。落实高校内部分配自主权，向扎根教学一线、业绩突出的教师，承担急难险重任务、做出突出贡献的教师，以及从事基础前沿研究、国防科技领域教师倾斜。

六是优化完善人才管理服务体系。针对人才培育的学校主体作用发挥不够,人才引进恶性竞争、"帽子"与待遇挂钩过紧等问题,提出优化人才引育体系、科学合理使用人才等举措,加强人才体系顶层设计,着力打造高水平创新团队。坚持正确的人才流动导向,坚决杜绝违规引进人才。分类推进人才评价机制改革,不把人才称号作为承担科研项目、职称评聘、评优评奖、学位点申报的限制性条件。

七是全力支持青年教师成长。针对青年教师培养不足、青年教师发展支持不够、工作生活压力大等问题,提出强化青年教师培养支持、解决青年教师后顾之忧等2项举措。鼓励高校对优秀青年人才破格晋升、大胆使用;鼓励青年教师到企事业单位挂职锻炼和到国内外高水平大学、科研院所访学。地方和高校要加强统筹协调,通过多种方式解决青年教师的住房困难,提高青年教师待遇,解决青年教师子女入托入学问题;重视青年教师身心健康,关心关爱青年教师等。

八是加强高校教师队伍建设保障。从组织保障、责任落实、社会支持等方面,确保教师队伍建设取得实效。

(二)"职教师资 12 条"

2019 年 8 月,教育部等四部门印发《深化新时代职业教育"双师型"教师队伍建设改革实施方案》(即"职教师资 12 条")。这是为了贯彻落实《国家职业教育改革实施方案》第 12 条提出的要"多措并举打造'双师型'教师队伍"而做出的重要制度设计。"职教师资 12 条"针对当前职业教育"双师型"教师队伍建设难题和"短板",提出 12 条解决举措(见图 3)。其主要从教师标准体系、培养补充、资格准入、培训发展、考核评价、待遇保障等方面提出具体要求和措施,重点体现在四个方面:一是完善"双师型"特色教师队伍建设;二是建设引领教学模式改革的教师创新团队;三是建设"国家工匠之师"引领的高层次人才队伍;四是建设校企人员双向交流协作共同体。

(1)"职教师资 12 条"的总体目标:经过 5—10 年时间,构建政府统筹管理、行业企业和院校深度融合的教师队伍建设机制,健全中等和高等职业教育教师培养培训体系,打通校企人员双向流动渠道,"双师型"教师和教学团队数量充足,"双师结构"明显改善。建立具有鲜明特色的"双师型"教师资

图 3 "职教师资 12 条"

格准入、任用考核制度,教师职业发展通道畅通,待遇和保障机制更加完善,职业教育教师吸引力明显增强,基本建成一支师德高尚、技艺精湛、专兼结合、充满活力的高素质"双师型"教师队伍。

(2)"职教师资 12 条"的具体目标:到 2022 年,职业院校"双师型"教师占专业课教师的比例超过一半,建设 100 家校企合作的"双师型"教师培养培训基地和 100 个国家级企业实践基地,选派一大批专业带头人和骨干教师出国研修访学,建成 360 个国家级职业教育教师教学创新团队,教师按照国家职业标准和教学标准开展教学、培训和评价的能力全面提升,教师分工协作进行模块化教学的模式全面实施,有力保障"1+X"证书制度试点工作,辐射带动各地各校"双师型"教师队伍建设,为全面提高复合型技术技能人才培养质量提供强有力的师资支撑。

(三)教学创新团队建设文件

2019 年 5 月,教育部印发的《全国职业院校教师教学创新团队建设方案》,是贯彻落实《国家职业教育改革实施方案》提出要多举措打造"双师型"教师队伍,探索组建高水平、结构化教师教学创新团队,教师分工协作进行模块化教学的具体方案,同时服务"学历证书+若干职业技能等级证书"试点。教育部非常重视职业教育教师教学创新团队建设,在 2021 年 1 月的教育部新闻发布会上,教育部教师工作司司长任友群总结了一年多来国家职业教育教师教学创新团队建设的情况。

一是开展全员培训,团队教师能力素质全面加强。遴选清华大学等18家培训基地,分专业领域开展组织培训者培训研修,提高其模块化教学设计实施能力、课程标准开发能力和教学评价能力,累次培训30余批,超过3.5万人次。启动实施国家"工匠之师"创新团队境外培训计划,分批次选派团队成员赴德国研修培训,学习借鉴国际"双元制"职业教育先进经验并进行本土化改造。

二是创新在线培训,团队信息化水平稳步提高。2020年,委托同济大学在线开展德国职业教育专题培训,委托北京信息职业技术学院开展创新团队异地同步线上培训,累计培训3万多人次,不断提高教师在教育教学中运用人工智能、大数据等技术的实践能力。

三是推动多方协作,团队建设整体水平不断提升。分领域建立19个协作共同体,通过研究合作、资源共享、人员互聘、学分互认等方式,围绕团队建设、人才培养、教学改革、职业技能等级证书培训考核等方面开展协同研修600余次。加强校企深度合作,教育部会同国家发改委、工信部、国资委遴选公布中航、中铁集团等102家企业为首批全国教师企业实践基地,公布创新团队实质性合作企业有2800余家,在人员互聘、教师培训、技术创新、资源开发等方面开展深度合作、促进"双元"育人。

四是设置专项课题,团队教改研究实践成果初显。聚焦职业教育教学、教材、课程、资源等改革创新,针对加强团队教师教学能力建设、构建对接职业标准的课程体系、创新团队协作的模块化教学模式等核心任务,设置重点专业课题123项,推动122家高职院校将职业技能等级标准融入专业课程教学,建设智能化教学支持环境下的课程资源,共开发精品资源共享课程655门、在线开放课程969门。

五是做好示范引领,辐射带动"三教"改革落地落实。各地各校因地制宜,对接本区域重点专业集群,统筹做好省、校级职业教育教师教学创新团队整体规划,目前已建立229个省级创新团队、1200余个校级团队、40余个省内团队协作共同体。

(四)其他重要文件

《教育部、财政部关于实施中国特色高水平高职学校和专业建设计划的意见》提出，打造高水平"双师队伍"要以"四有"标准打造数量充足、专兼结合、结构合理的高水平"双师队伍"。培育引进一批行业有权威、国际有影响的专业群建设带头人，着力培养一批能够改进企业产品工艺、解决生产技术难题的骨干教师，合力培育一批具有绝技绝艺的技术技能大师。聘请行业企业领军人才、大师名匠兼职任教。建立健全教师职前培养、入职培训和在职研修体系。建设教师发展中心，提升教师教学和科研能力，促进教师职业发展。创新教师评价机制，建立以业绩贡献和能力水平为导向、以目标管理和目标考核为重点的绩效工资动态调整机制，实现多劳多得、优绩优酬。

2019年5月，教育部等六部门印发《高职扩招专项工作实施方案》的通知(教职成〔2019〕12号)提出要推动教师教材教法改革。落实立德树人根本任务，坚持全员全过程全方位育人，注重坚守专业精神、职业精神和工匠精神，培养德智体美劳全面发展的社会主义建设者和接班人。加强高职院校教师队伍建设，通过资源整合挖潜一批、专项培训培育一批、校企合作解决一批、"银龄讲学"补充一批、社会力量兼职一批，加快补充急需的专业教师。开发适用于不同生源类型的新型活页式、工作手册式等教材，适应"互联网＋职业教育"发展需求，建好用好职业教育专业教学资源库，促进优质资源共建共享。创新技术技能人才培养培训模式，针对不同生源分类施教、因材施教，普及推广项目教学、案例教学、情景教学、工作过程导向教学，广泛应用线上线下混合教学，促进自主泛在个性化学习。

教育部等四部门印发的《关于在院校实施"学历证书＋若干职业技能等级证书"制度试点方案》(教职成〔2019〕6号)要求：各省(区、市)和试点院校要加强专兼结合的师资队伍建设，打造能够满足教学与培训需求的教学创新团队，促进教育培训质量全面提升，要将职业技能等级证书有关师资培训纳入职业院校教师素质提高计划项目。

第二章

提质培优与教师专业发展

　　贯彻落实《国家职业教育改革实施方案》,办好公平有质量、类型特色突出的职业教育,提质培优、增值赋能、以质图强,加快推进职业教育现代化。《职业教育提质培优行动计划(2020—2023 年)》(以下简称《行动计划》)是落细落小"职教 20 条"的重要载体,是应对职业教育高质量发展现实挑战的重要举措。围绕公平有质量、类型特色两个关键点,系统设计了职业教育改革发展的 10 项主要任务、27 条重要举措和 56 项具体任务,整体推进职业教育提质培优、增值赋能,标志着我国职业教育迈入全面深化改革、内涵建设、以质图强的新阶段。师资队伍建设是高职院校改革与发展的关键任务,为全面发展类型教育,落实"双高计划",《行动计划》对新时代高职院校的师资队伍建设提出了新要求。高职院校需要立足于《行动计划》的政策逻辑,明确新时代师资队伍建设的新要求,反思高职院校师资队伍的现实问题,进而探究高职院校师资队伍提质培优的方向与路径。

提质培优背景下高职院校教师专业发展研究与实践

摘　要：高等职业教育已进入高质量发展阶段,提质培优关键在教师。各高职院校必须明确新时期高职院校教师队伍建设的任务、目标,反思存在的问题。经过多年的发展,高职院校教师整体水平有了很大的提升,但仍存在数量不足、结构不合理、质量欠缺、标准不清晰等问题。新时期必须坚持以"四有"好老师培养为目标,以师德为先,以引培并举、校企双栖、多元组合、创新机制为重点,打造一支高素质"双师型"教师队伍。

关键词：提质培优；高职院校；教师专业发展

高职教育在经历了从零开始到占据高等教育体系"半壁江山"、从"示范"到"优质"和从"层次"到"类型"的三个阶段后,已经迈进了高质量发展的新时代。这是高等职业教育发展的必然结果,也是国家进入高质量发展的必然要求。2020 年 9 月,教育部等九部门印发了《职业教育提质培优行动计划(2020—2023 年)》(以下简称《行动计划》),该计划以"提质培优,增值赋能"为主线,提出了职业教育领域改革与发展的 10 项主要任务、27 条重要举措和 56 项具体任务。

一、《行动计划》中教师发展任务

2021 年 1 月教育部下发了《关于公布〈职业教育提质培优行动计划(2020—2023 年)〉任务(项目)承接情况的通知》,通知显示全国 31 个省、自治区、直辖市和新疆生产建设兵团分别都承接了 40—45 项具体任务(西藏 24 项),将预计投入 3074.5 亿元经费。

《行动计划》中 56 个具体任务第 2、3、4 条着眼于思政教师、班主任队伍建设。另外还有 12 条直接涉及教师专业发展任务(项目),预计投入 460.6

亿元经费,基本每个省都承接这些任务(见表 2),充分体现了教师是职业院校高质量发展的重要作用,是提质培优的关键所在。教师发展任务包含教师素质、教学能力、课堂教学、"双师型"教师、培训基地、教学团队、在线课程、出国研修等教师发展的方方面面。

表 2　56 项具体任务中与教师发展相关任务(项目)及承接省份一览表

序号	56 项任务中序号	任务(项目)名称	省份数[1]/布点总数[2]/预计总投入经费(万元)[3]
1	17	引导职业学校和龙头企业联合建设 500 个左右示范性职工培训基地	31/2138/556691.33
2	25	推动建设 300 个左右具有辐射引领作用的高水平专业化产教融合实训基地	30/2820/2487373.90
3	36.2	实施新一周期"全国职业院校教师素质提高计划";完善职业学校自主聘任兼职教师办法;改革完善职业学校绩效工资政策	32/—/13250.00
4	36.2	专业教师中"双师型"教师占比超过 50%	32/2806/195380.96
5	37	校企共建"双师型"教师培养培训基地和教师企业实践基地	32/—/339138.88
6	40	实施现代产业导师特聘岗位计划	31/—/121051.20
7	41	遴选一批国家"万人计划"教学名师	32/3026/78114.43
8	42	遴选 360 个国家级教师教学创新团队	32/2350/160803.80
9	45	建立健全国家、省、校三级教学能力比赛机制	32/—/127264.18
10	46	遴选 1000 个左右职业教育"课堂革命"典型案例	31/5235/74072.66
11	50	面向公共基础课和量大面广的专业(技能)课,分级遴选 5000 门左右职业教育精品在线开放课程	32/12899/263723.78
12	53	统筹利用现有资源,实施"职业院校教师教学创新团队境外培训计划",选派一大批专业带头人和骨干教师出国研修访学	31/—/189156.50

注:1. 省份数:一般是指承接该项任务(项目)的省份序号,其中"32"为新疆生产建设兵团。2. 布点总数:是指承接该项任务(项目)省份的布点数总和,定性任务为"—"。3. 预计总投入经费(万元):是指承接该任务(项目)的各省经费投入。

二、高职院校专任教师队伍存在的问题

"提质培优"的目标就是要努力实现高等职业教育更高质量、更有效率、更加公平、更可持续。只有办好更高质量、特色突出的职业教育，才能让广大人民群众认可职业教育是与普通教育同等重要的两种不同教育类型。推动职业教育提质培优，教师是关键，课堂是主阵地。目前高职院校师资队伍的整体建设水平不断提高，但仍存在数量不足、结构不合理、质量欠缺、标准不清晰等问题。

（一）专任教师数量不足

教师是高职院校发展的第一资源，在数量与质量上都要满足学校发展的基本要求。通过多年的实践，国家对高职院校生师比做了要求，即生师比 18∶1。教师数量不足会导致教师忙于教学工作，缺少教学反思、实践锻炼、社会服务、教育教学研究、教育培训的时间，影响教育教学能力、实践技能的提升。从教育部 2015—2019 年教育统计数据来看（见表 3），专任教师的增长幅度每年都低于学生的增长幅度。特别是 2019 年高职扩招 116 万人，学生的增长率比专任教师增长率高出 10 多个百分点。2019 年全国教育事业发展统计公报显示，高职院校生师比高达 19.24∶1。随着 2020 年、2021 年高职每年百万扩招任务的完成，扩招带来的教师数量缺口将更加凸显，生师比将会继续升高。而教师的培养是一个长期过程，不可能一蹴而就，如何科学合理地补充教师数量是一个不可回避的重要问题。

表 3　2015—2019 年全国高职（高专）专任教师数、在校学生数

年份	专任教师（万人）	增长率（%）	在校学生数（万人）	增长率（%）
2015 年	45.46		849.6	
2016 年	46.69	2.71	887.1	4.41
2017 年	48.21	3.26	924.7	4.24
2018 年	49.76	3.22	969.5	4.84
2019 年	51.44	3.38	1106.5	14.13

数据来源：教育部 2015—2019 年教育统计数据，http://www.moe.gov.cn/s78/A03/moe_560/jytjsj_2019/，后同。

(二)专任教师结构不合理

高等职业教育作为一种教育类型,学生培养目标和普通高等教育有着显著差别,主要是培养服务区域发展的高素质技术技能人才,是大国工匠、能工巧匠的摇篮。产教融合是人才培养的主要模式,同时具备理论教学和实践教学能力的"双师型"教师是人才培养目标实现的基石。教育部发布的2020年教育统计数据显示:2020年,我国高等教育毛入学率达54.4%,全国共有普通高等学校2738所(含独立学院241所),其中高职(专科)院校1468所,教职工77.45万人,专任教师55.64万人,校均学生规模8723人,高校生师比20.28:1。"双师型"教师队伍的数量与质量直接影响学生的高质量发展。专任教师结构不合理还体现在职称结构方面,从2015—2019年全国高职(高专)专任教师职称结构来看(见表4),专任教师职称结构仍呈现"金字塔型",高级职称数量偏少,正高级专业技术职务仅占4.5%左右,明显偏低。

表4 2015—2019年全国高职(高专)专任教师职称结构

年份	全国专任教师数(万人)	正高		副高		中级	
		人数(万人)	百分比(%)	人数(万人)	百分比(%)	人数(万人)	百分比(%)
2015年	45.46	1.98	4.36	11.46	25.21	18.61	40.94
2016年	46.69	2.05	4.39	11.72	25.10	19.04	40.78
2017年	48.21	2.17	4.50	12.32	25.55	19.46	40.37
2018年	49.76	2.31	4.64	12.76	25.64	19.98	40.14
2019年	51.44	2.41	4.69	13.11	25.49	20.54	39.93

(三)专任教师能力欠缺

随着我国社会进入高质量发展阶段,国家产业发展不断升级,新业态、新技术、新规范、新职业不断涌现,职业教育是与生产劳动和社会实践结合最紧密的教育类型,从整体上看当前教师队伍还无法满足高职教育快速发展的需求。首先,教学能力不足。高职院校的教师来源主要来自高校毕业生和企业技术人员,这两部分人员表现出两个不同方面的不足,即会理论教学的实践能力不足,有实践能力但理论教学能力弱。其次,社会服务能力不足。社会服务是高职院校职能之一,职业教育服务能力的提升是《中国教育现代化 2035》提出的八大主要发展目标之一。根据各高职院校质量年度报告(2019)"服务贡献表"中的技术服务到款额分析,无论是横向的社会委托服务还是纵向的政府购买服务,都有四分之三的院校不到 100 万元,而且半数院校在 10 万元以下。横向和纵向技术服务到款额为 0 的院校分别占到四成和二成。最后,创新创业指导能力有待提高。高等职业教育已经从传统的单纯"就业教育"向"就业创业创新教育"转型。我国当前整体就业形势严峻,供需结构矛盾突出,高职院校的教师开展就业和创业指导教育对于学生的发展有重要的意义。据麦可思(中国)2014—2018 届大学生社会需求与培养质量调查显示:2018 届高职毕业半年后自主创业比例为 3.6％,较 2014届下降了 0.2 个百分点。

三、杭科院教师队伍建设实践

杭州科技职业技术学院是杭州市人民政府主办的一所普通高等职业院校。以服务杭州区域经济社会发展为办学定位。学校始终坚持人才强校战略,高度重视教师队伍建设。现有国家"万人计划"教学名师 1 人,全国技术能手 4 名,国家级、省级教师教学创新团队各 1 个。作为一所办学刚满十一周年的高职院校,在浙江省教学业绩考核中近四年连续 A 等(优秀),2020年 2 个专业群成功入选"浙江省高职高水平专业群建设名单",学校正式进入"双高"建设新阶段。

(一)以德为先,实施师德师风引领工程

"四有"好老师是习近平总书记在同北京师范大学师生代表座谈时的讲话中提出的,从思想素质、道德行为、学识能力和师生关系等方面界定了"好老师"的基本标准。杭科院坚持把师德师风建设作为教师队伍建设的第一要务,不断完善《师德师风建设实施细则》《教师政治理论学习管理办法》,强化教师政治理论学习制度,每月发布政治理论学习材料,保证政治理论学习40 课时落到实处,切实提高教师政治理论素养和工作能力水平。强化师德

师风检查考核,开展多形式的师德师风及警示教育专题培训,组织师德师风年度专项考核,在评奖评优、岗位聘任和职称评聘中,实行师德师风"一票否决"制度。1928 年由陶行知亲自指导创办的浙江省湘湖师范学校是学校重要办学基石,学校以"德业兼修 知行合一"为校训,教师培养中还充分体现陶行知"爱满天下"的教师观。

(二)引培并举,加强高层次人才建设

高层次人才缺乏是高等职业院校普遍存在的问题。为进一步加强师资队伍建设,2019 年学校出台了《关于全面实施"人才强校"战略的若干意见》,分析现阶段学校人才工作存在的问题,确定了学校人才工作基本原则,坚持党管人才与分类施策相结合,坚持高端引领与改善结构相结合,坚持全职引进与柔性用人相结合,坚持外部引进与内部培养相结合,坚持待遇留人与事业留人相结合。文件提出了未来三年(2020—2022 年)的总体发展要求,明确提出未来三年投入 3000 万元经费用于高层次人才引进。出台配套文件《杭州科技职业技术学院高层次人才引进管理办法》《杭州科技职业技术学院柔性引进人才管理办法》等将人才强校战略落到实处。对高层次人才实行一人一策、一事一议,强化合同管理和考核激励。外引的同时加强校内教师的培养,以推广先进教育理念,探究教育教学改革,服务教师专业发展,搭建温馨交流平台,出台《教职工培训进修管理办法》,规范了培训进修形式、内容、要求和经费保障。

(三)校企双栖,提升教师"双师素质"

产教融合、校企合作是职业教育办学的基本模式,"双师型"教师是高职院校人才培养的内在要求。首先,加强教师培养培训基地建设。"做中学"方为真学,学校拥有智能制造技术国家级"双师型"教师培养培训基地 1 个、与企业共建家"双师素质"教师培养培训基地近 20 个,每学年有 200 名左右教师进行业、企业实践锻炼,提升教学实践能力。其次,成立产业学院,打通校企人员双向流动渠道。深化与西门子、广联达、海康威视、国博中心等企业的合作,重点打造智能制造学院、数字建筑学院、数字安防学院和杭州国际博览学院。提高人才培养质量的同时优化"双师结构",提升"双师素质"。再次,实施三大提升工程,即师德师风建设工程、中青年教师素质提升工程、

高级职务(职称)人才工程。分层分类培养,提高了教师队伍建设的针对性、有效性。最后,加强技能大师工作室建设。打造市级技能大师工作室 10个,以点带面提高教师社会服务能力。

(四)多元组合,打造教师教学创新团队

"双师型"教师教学创新团队建设是新时代职业教育提质培优攻坚战的核心,是"双师型"教师队伍建设的重要突破口。学校开展高水平、结构化教师教学创新团队研究与实践,以申报、考核、认定的方式进行项目化建设。教师教学创新团队是以立德树人为共同的远景目标,基于德技双修、知行合一的技术技能人才培养,围绕某一专业(专业群)教育教学改革任务或教学任务,共同负责、分工协作、责任明确、能力互补、创新发展的,由专兼职教师共同组成的团队。在建设流程上,按申报—立项—建设—中期考核—再建设—评估验收—确定的创新方式,加强建设过程的服务指导,强化过程评价。在校内培育建设的基础上,打造省级及以上教师教学创新团队 2 个。

(五)创新机制,激发教师干事创业积极性

学校重视制度创新,不断完善专业技术职务评聘、教科研考核、激励分配等制度,激发教师干事创业积极性。2014 年起浙江省将高校专业技术职务评聘工作权限下放给学校,学校按照"自订标准、自主评聘、自主发证"的要求不断完善《教师专业技术职务评聘工作实施办法》,引领教师专业发展方向。实行分类评聘,分类制订评聘业绩要求,从教学业绩、项目研究、论文论著、团队建设、奖项荣誉等方面做出规定。进一步破除课题、论文唯一论,体现高职教育特点。把学校事业发展迫切需要的工作列入了业绩要求,明确教科研获奖、教学能力比赛获奖、指导技能大赛获奖、课程资源建设等可视为达到省部级、厅局级课题或抵一级期刊论文、核心期刊论文。为增强代表作送审结果的客观性,送审结果采用赋分制。设立直聘条件,达到相关要求可直接申报相应的专业技术职务。制订专业技术职务评聘量化计分标准(试行),申报人员量化计分情况将作为评聘的重要依据。通过制度创新更好发挥教师专业技术职务评聘工作的激励导向作用。

四、结语

当前职业教育正处在爬坡过坎、提质培优的历史转折点上，各高职院校必须明确新时期高职院校教师队伍建设的任务、目标，反思存在的问题，探索高水平师资队伍建设的路径，建设一支有理想信念、有道德情操、有扎实学识、有仁爱之心的"四有"好老师团队，不断提高人才培养质量，助力构建中国现代职教体系。

【参考文献】

[1] 李鹏."双高计划"的治理逻辑、问题争论与行动路径[J].高等工程教育研究,2020(3):126-131.

[2] 王宏兵,华冬芳.高职院校师资队伍提质培优:新要求、新挑战与新路径[J].职教论坛,2020,36(11):88-93.

[3] 李国成,寿伟义."1+X"证书制度背景下职业院校教师专业发展面临的挑战与应对[J].河北职业教育,2020,4(1):106-108.

[4] 晋浩天."职教20条"释放了什么信号[N].光明日报,2019-02-20(8).

[5] 上海市教育科学研究院,麦可思研究院.2019中国高等职业教育质量年度报告[M].北京:高等教育出版社,2019.

[6] 谢列卫,任红民,吴建设.陶行知教育思想与高职创新创业人才培养的关系研究[J].职业技术教育,2017(7):63-68.

（本文刊载于《河北职业教育》2021年第3期）

"双高计划"背景下浙江省高职院校教师发展对策思考

摘　要：教师队伍建设是"双高计划"建设的基石。浙江省高职院校教师队伍在近几年中表现出规模持续扩大、年龄结构趋于合理、教师素质提升明显等良好发展态势，同时也存在教师队伍增速低于学生数量的增长，社会服务能力不强，高层次领军人才缺乏等突出问题。在"双高计划"建设背景下，高质量发展成为发展目标。在教师队伍建设方面，浙江省要采取分类指导，加强人才引进的力度；建立"外引内培"机制，保持高层次人才稳步增长；发挥团队效应，加强高水平教学创新团队建设。

关键词："双高计划"；高职院校；教师发展

"双高计划"是中国特色高水平高职学校和高水平专业建设计划的简称，是继我国普通高等教育推出"双一流"建设后，国家在高等教育领域的一次重要制度设计，是推进中国特色职业教育现代化的重要战略举措。"双高计划"为我国高等职业教育指出改革方向的同时也提出了挑战，如何在国家实施"双高计划"建设发展战略中抓住机遇，优化高等职业教育结构，深化产教融合，推进"三教改革"，增强办学实力，提高技术技能人才培养质量是各省（直辖市、自治区）推进高等职业教育面临的重大课题。教师队伍建设是"双高计划"建设的基石，没有高水平师资队伍，就不可能建成高水平专业和高水平学校。为此，各省（直辖市、自治区）都出台推进师资队伍建设的重要文件。

浙江省相继出台的《关于全面实施高等教育强省战略的意见》《关于全面深化新时代教师队伍建设改革的实施意见》《浙江教育现代化 2035 行动纲要》《加快推进浙江教育现代化实施方案》等一系列文件都将高水平师资队伍建设作为实现教育强省的重要战略决策。那么，在政策的推动下，浙江省高职院校教师取得了怎样的发展、有着怎样的结构特征？"双高计划"背景下又需做出怎样的调整？本文以浙江省高职院校教师队伍发展现状的基本数据为例,分析浙江省当前高职院校教师队伍建设中存在的问题,提出建设对策,以期为"双高计划"背景下强化高职院校教师队伍建设、促进高职院校高水平发展、推进教育现代化强省提供一些启示。

一、浙江省高职教育基本概况

截至 2019 年底,浙江省共有独立设置的高职(高专)院校 50 所,其中公办院校 40 所,占总数的 80%。从区域分布上看,覆盖了全省全部 11 个设区市,主要集中在省会城市和经济较发达的大中城市,其中省会城市有 19 所,具体分布见图 4。浙江省高职院校区域布局与经济区域划分基本匹配。在示范院校建设时期,共有 6 所入选国家示范性高等职业院校建设单位,在骨干院校建设时期,国家骨干院校和省级骨干校建设单位累计 22 所。根据《关于印发职业教育改革成效明显的省(区、市)激励措施实施办法的通知》(教职成函〔2019〕5 号),浙江省获 2018 年职业教育改革成效明显拟予激励支持省(区、市),且排在第一位。通过多年的建设与改革创新,浙江省高职院校在办学基础、人才培养质量、办学水平、产教融合和社会服务能力等方面取得了巨大成就。在国家"双高计划"建设中,浙江省共有金华职业技术学院等 6 所学校入选了高水平学校建设单位,浙江建设职业技术学院等 9 所学校入选了高水平专业群建设单位,具体院校名单见表 5。2020 年 6 月,经教育部批准,浙江广厦建设职业技术学院正式更名为"浙江广厦建设职业技术大学",成为当前浙江省唯一一所职业本科试点学校。

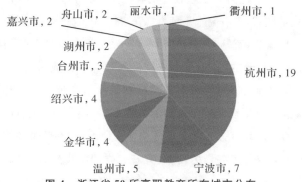

图 4 浙江省 50 所高职教育所在城市分布

表 5　浙江省入选"双高计划"建设单位名单

序号	学校名称	专业群名称	档次	所在城市
1	金华职业技术学院	机械制造与自动化、学前教育	高水平学校（A 档）	金华市
2	浙江机电职业技术学院	机械制造与自动化、智能控制技术	高水平学校（A 档）	杭州市
3	杭州职业技术学院	电梯工程技术、服装设计与工艺	高水平学校（B 档）	杭州市
4	宁波职业技术学院	应用化工技术、模具设计与制造	高水平学校（B 档）	宁波市
5	浙江金融职业学院	金融管理、国际贸易实务	高水平学校（B 档）	杭州市
6	温州职业技术学院	鞋类设计与工艺、电机与电器技术	高水平学校（C 档）	温州市
7	浙江建设职业技术学院	工程造价	高水平专业群（A 档）	杭州市
8	浙江交通职业技术学院	道路桥梁工程技术	高水平专业群（B 档）	杭州市
9	浙江经济职业技术学院	物流管理	高水平专业群（B 档）	杭州市
10	浙江经贸职业技术学院	电子商务	高水平专业群（B 档）	杭州市
11	浙江旅游职业学院	导游	高水平专业群（B 档）	杭州市
12	浙江工贸职业技术学院	光电制造与应用技术	高水平专业群（C 档）	温州市
13	浙江警官职业学院	刑事执行	高水平专业群（C 档）	杭州市
14	浙江商业职业技术学院	电子商务	高水平专业群（C 档）	杭州市
15	浙江艺术职业学院	戏曲表演	高水平专业群（C 档）	杭州市

二、浙江省高职院校教师[①]的结构特征

（一）规模持续扩大，"供需矛盾"仍突出

2013 年浙江省高等教育毛入学率首次超过 50％，进入高等教育普及化阶段。2019 年高等教育毛入学率达 61.3％，比全国高等教育入学率 51.6％

---

① 浙江省高职（高专）教师发展数据的统计对象为专任教师。除特殊说明外，全书的浙江省高职（高专）教师发展数据，均来源于浙江省 2014—2019 年教育事业发展统计公报（http://jyt.zj.gov.cn/col/col1543965/index.html）和教育部 2014—2019 年教育统计数据（http://www.moe.gov.cn/s78/A03/moe_560/jytjsj_2019/）。

高出近 10 个百分点。2019 年全省普通本、专科招生比达 48.4：51.6,高等职业教育已真正成为高等教育的"半壁江山"。高等职业教育的快速发展对高职院校专任教师队伍的数量提出了更高的要求。建设一支结构合理、数量充足、满足高素质技术技能人才培养的"双师型"教师队伍是实现"双高计划"的关键因素。近几年来,浙江省高职院校加大了人才引进的力度,教师队伍数量不断增加。从统计数据来看(见表 6),浙江省高职(高专)教师数量每年都有增长,但增长率仅在 2019 年超过全国高职院校的平均增长水平,其他年份都低于全国平均水平。另外,2019 年全国高职院校专任教师占教职工的 73.5%,同期浙江省高职(高专)专任教师占比为69.59%,说明浙江省高职(高专)专任教师占比并不高,专任教师的比重需进一步提高。

表 6　2014—2019 年浙江省及全国高职(高专)专任教师数增长概况

年份	浙江省(人)	增长率(%)	全国(万人)	增长率(%)
2014 年	16389		43.83	
2015 年	16708	1.95	45.46	3.72
2016 年	16774	0.40	46.69	2.71
2017 年	17178	2.41	48.21	3.26
2018 年	17525	2.02	49.76	3.22
2019 年	18403	5.01	51.44	3.38

浙江省高职院校教师规模不断扩大,但供需矛盾依然存在。要想"提质培优、以质图强",就需要有一支数量充足的教师队伍来支撑。由供需不足所带来的教学工作负担增大,导致教师在专业建设、教育教学研究、社会服务工作等方面投入的精力有所降低,这些将严重影响素质技术技能人才培养的质量。2019 年高职超额完成了百万扩招任务,实际扩招 116 万人,导致全国平均的生师比由近几年保持在 17.7 左右提高到了 19.24。随着2020 年、2021 年百万高职扩招计划的落实,浙江省高职院校教师"供需矛盾"将更加突出。

(二)年龄结构趋于合理,但"年龄红利"没突显

不同年龄阶段的教师在教学理念、课堂教学能力、实践经验、科研与创新能力是存在差异的。一定程度上,教师的年龄结构可以反映一所大学教学和科研的水平及发展潜力,甚至影响师资队伍的连续性和继承性。合理的教师年龄结构有利于学校可持续高质量发展:年轻教师给学校带来新鲜血液,思想观念更贴近学生;中年教师是学校的中坚力量,是"双高计划"建设的主力军,同时也承担着承上启下的连贯作用;年长的教师有着丰富的教学实践经验,同时对年轻教师起传帮带作用。我国统计局把15—34岁的人定义为青年,根据这个标准对2018年浙江省48所高职院校专任教师15118人进行统计:35岁以下4264人,占比为28.2%;36—45岁为6769人,占比44.8%;46岁及以上为4085人,占比27%。可见,全省高职院校专任教师年龄结构较为合理,老中青比例分别趋向于为3∶4∶3,向"橄榄型"发展,年龄结构趋于合理。

浙江省高职院校教师年龄结构趋于合理,但"年龄红利"没凸显。本文从浙江省高等职业教育质量年报(2017—2019)中的服务贡献表中选取横向技术服务到款额、纵向科研经费到款额、技术交易到款额、非学历培训收入、非学历培训数量等指标来比较分析。2016—2018年浙江省高职院校技术服务收入情况见表7,2016—2018浙江省高职院校开展社会培训情况见表8。从2016—2018年技术服务收入、开展社会培训情况增长情况来看,都呈现出良好的发展态势,但技术服务收入的绝对值和占比都明显偏低,2016—2018年技术服务收入在办学总收入中的占比分别是4.5%、4.7%、6.07%,社会培训收入在办学总收入占比分别是4.8%、5.0%、5.07%。2018年校均技术服务、社会培训收入合计2400万元。从培训人数上看2018年高职院校培训近276万人,而浙江省中等职业教育2018年度质量报告显示,2018年全省中职学校多形式开展面向社会的各类技能培训规模达1240万人次。服务企业开展技术研发、产品升级、职业培训等是高职院校除人才培养外的重要职能,也是"双高计划"的重要方面,从统计来看服务贡献量显然还是不足的,需要进一步深化产教融合来提高服务产业、企业的广度与深度。

表7　2016—2018 年浙江省高职院校技术服务收入情况（万元）

年份	横向技术服务收入	纵向科研经费	技术交易收入	总计
2016	23053	12194	5990	41237
2017	20751	14278	10307	45336
2018	36023	14806	12244	63073

表8　2016—2018 浙江省高职院校开展社会培训情况

年份	非学历培训收入（万元）	非学历培训数量（人次）	全省高职院校经费收入总额（亿元）
2016	44466	1680685	91.9
2017	48066	2214600	97.1
2018	52656	2757350	103.77

（三）教师素质提升明显，但高层次人才相对缺乏

近年来，浙江省大力推进高职院校师德师风建设、教师管理改革、骨干教师培养、"双师型"队伍培育，实施"高职名师培育计划"。依托"浙江省高校教师教学发展中心联盟"有计划、分步骤地开展教师全员培训，全面提升职业院校教师"双师素质"，总体师资水平得到大幅度提升。2015—2018 年浙江省高职院校专任教师高级职称、博士学位、"双师素质"的变化情况见表9，从中可以看出专任教师高级职称、博士学学历、"双师素质"都有较大幅度增长。2014 年起浙江省教育厅、人力资源和社会保障厅将高校教师专业技术职务评、聘权下放给各高等学校，高职院校可评聘高级专业技术职务的数量可占专任教师的 41％，2018 年浙江省高职院校高级职称比例为 33.53％，距离指标数还有很大提升的空间。另一方面来说，教师专业技术职务评聘权下放给学校后，各高职院校并没有"放水"评聘高级专业技术职务，而是都制订了符合学校实际的教师专业技术职务评聘方案。

浙江省高职院校教师素质提升明显，但与高职院校"双高计划"建设的需求相比还存在较大的差距，主要表现在全国专业领军人才和带头人需要进一步增加，"双师双能"的教师需要进一步提升，高学历人才、具有国际化影响力的教师不足。2018 年浙江高职院校专任教师有博士学位 669 人，按

表 9　2015—2018 浙江省高职院校专任教师高职称、高学历情况

	2015 年		2018 年		增加比例
	人数	比例(%)	人数	比例(%)	(%)
专任教师	13891		15118		8.83
高级职称	4323	31.12	5069	33.53	17.26
博士学位	539	3.88	669	4.43	24.12
"双师素质"	10573	76.12	12605	83.38	19.22

数据来源:全国职业高等院校人才培养工作状态数据采集与管理平台。

当年 48 所高职院校计算校均仅拥有博士 14 人。在高层次人才方面,国家"万人计划"教学名师已评选四批,共 497 人入选,其中高职院校入选 67 人,浙江省高职院校共有 5 人入选,少于山东省(9 人)与广东省(7 人)入选人数。2019 年深圳职业技术学院质量年报显示,在 1210 名专任教师中博士学历占比为 27%,达 327 人,一所学校的博士人数达到浙江全省高职院校博士人数的近一半,另外还拥有享受国务院特殊津贴专家 2 名、珠江学者 5 人、海外高层次人才 25 人、国家"万人计划"教学名师 1 人、国家级教学名师 3 人、省级教学名师 8 人、国家特支计划教师 1 人、广东特支计划教学名师 4 人,这些高层次人才为深圳职业技术学院的高质量发展提供支持。

三、基于"双高计划"建设的浙江省高职院校教师队伍建设对策

(一)扩大教师队伍体量,化解供需矛盾

结构合理、数量充足的教师队伍是高质量职业教育的前提,随着高职扩招的持续实施,生师比必将上升,教师数量的不足将制约教师的发展和人才培养的质量。"百万扩招"校均需增加约 705 名学生。2019 年 10 月 17 日,在教育部召开的新闻发布会上,教育部教师工作司长任友群指出:考虑到现有老师还有自然减员的情况,假设每年正常减员是 1 万人,每年大概有 6.5 万老师的工作量要能补上,才能把扩招百万的年任务基本应付下来。2020 年、2021 年每年将继续扩招 100 万人,教师的缺口将更大。从浙江省

高职院校招生数与在校生数(见表10)来看,2019年招生数与在校生数大幅增加,招生数增长24.60%,增幅高的主要原因是扩招引起的,2019年在校生人数达43.85万,比2108年增长11.10%,增长幅度远超教师的增长幅度5.01%。

表10 2015—2019浙江省高职院校招生数与在校生数

年份	招生数(万人)	增长率(%)	在校生人数(万人)	增长率(%)
2015	13.35	1.50	38.28	1.20
2016	13.51	1.20	38.54	0.70
2017	13.62	0.80	38.6	0.20
2018	14.5	6.50	39.47	2.20
2019	18.07	24.60	43.85	11.10

生师比18:1是高职院校办学的合格条件,高于这个比例,高职院校办学效益、质量则难以保证。因此,浙江省高职院校要提高办学质量,打造职业教育质量高地,就必须重视教师队伍的建设,增强高职院校教师职业吸引力,加大高素质人才引进力度,扩大教师队伍体量。高职院校既强调量的扩大也要保证教师质量提升,保持教师队伍体量增长与高等职业教育发展规模动态平衡,不断降低生师比不适当给高等职业教育高质量发展所带来的负面影响。当然,注重教师数量的发展不能是"激进化"盲目地"扩招"教师来实现,而更多的是把职业教育摆在教育改革创新、经济社会发展和人民生活提升中更加突出的位置,坚持类型教育定位,增强高等职业教育教师职业的吸引力。

(二)优化教师引培新机制,保持高层次人才稳步增长

高职院校高质量发展目标的实现归根结底在于师资队伍建设,高素质"双师型"师资队伍是高职院校办学实力和核心竞争力的重要体现。"坚持把教师队伍建设作为基础工作"是习近平总书记在全国教育大会上指出教育事业的"九个坚持"之一。建设高素质"双师型"教师队伍是加快推进职业教育现代化的基础性工作。专业带头人、骨干教师、技术技能大师三者构成职业教育师资队伍的"三驾马车",是高水平师资队伍建设的重难点。浙江省要落实教育强省的战略,高职院校必须建立"外部引进"和"内部培养"的双重机制,实现高层次人才数量稳步增长。

政府层面来说,需要进一步深入实施专业带头人培养计划,加大经费投入,深化产教融合,构建"项目＋平台"的培养模式。专业带头人的培养要立足行业企业,开展科学研究,服务企业技术升级和产品研发,做到"做中学",提高专业带头人的在行业企业的影响力。在人才引进方面要出台政策落实《国家职业教育改革实施方案》提出的从具有3年以上企业工作经历并具有高职以上学历的人员中公开招聘教师。赋予各高职院校引进人才的自主权,体现"干什么,考什么"的原则,合理规划人才引进的数量和人才引进类型,在扩大体量的同时优化教师结构。要率先开启"双师型"教师资格标准研制与认证工作,引导教师专业发展方向。高职院校内部要注重内源性发展,加大对校内人才的培育力度,有计划地推进部分教师攻读博士学位、到高水平职业院校挂职任教、海外研修、访工访学等,不断提高教学研究与实践能力。充分发挥学校教师发展中心的作用,整合各类培训、研究、咨询、评估工作,协调各方资源赋能教师成长。完善教师专业技术评聘方案,充分体现职业教育"跨界"的属性,真正做到"破课题、破论文",建立专业技术职务评聘绿色通道,如获得与职业教育相关的标志性成果可直接破格聘任高一级专业技术职务,激发教师工作热情,使其真正投入到"三教"改革中去。

(三)发挥人才团队效应,建设高水平教学创新团队

结构化、高水平教师教学创新团队建设和"双高计划"都是《国家职业教育改革实施方案》提出的职业教育改革发展的战略部署,它们的目标指向都是新时期职业教育高质量发展,两者具关联性与融合性。高水平教师教学创新团队建设既是"双高计划"建设的重要目标,也是服务"双高计划"建设的重要组织形式。教学创团队建设在"双高计划"建设中扮演着重要角色,是新时代职业教育提质培优攻坚战的核心,在高素质技术技能人才培养、"1＋X"证书制度实施、应对高职扩招、推进"三教"改革、示范引领高素质"双师型"教师队伍建设等方面有着重要意义。

2019年教育部公开遴选国家级职业教育教师教学创新团队,8月,公布了首批122个建设(培养)单位,浙江有11个团队入选,立项数仅次于江苏

042 | 高职院校教师专业发展与教学创新团队建设研究

（13个）。为了加强教学团队的建设与研究，2020年7月，教育部公布了首批国家级职业教育教师教学创新团队课题研究项目。《浙江省深化产教融合推进职业教育高质量发展实施方案》也提出要建设50个省级教学创新团队。高职院校教学创新团队建设尚无成熟的经验可借鉴，政府要从组织、经费、制度等方面大力支持和充分保障教师教学创新团队建设，出台相应的制度确保建设目标不偏离。高职院校要紧紧抓住结构优化、产教融合、能力提升、协同创新这些关键，健全团队建设的体制机制，提供良好的制度环境，凝练富有特色的团队文化，发挥优秀人才的团队效应，充分发挥团队教师之间，团队与企业、行业机构之间的协同。深化产教融合，构建完善的校企共同体，鼓励企业深度参与团队建设，建成一批协同创新中心，做到校企"双赢"。突出"双师型"教师个体成长和教学创新团队建设相结合，提高教师教育教学及其科研能力，增强专业实践和创新能力，提高学生培养质量。

四、结语

忠实践行"八八战略"、奋力打造"重要窗口"是浙江省的战略目标，职业教育是一种类型教育，为浙江的发展培养大批高素质技术技能人才。教师是教育发展的第一资源，是国家富强、民族振兴、人民幸福的重要基石。"双高计划"背景下，浙江省必须进一步深化产教融合，努力打造师德高尚、数量充足、结构合理、技艺精湛的"双师型"教师队伍，不断推动高等职业教育高质量发展，努力建设高等职业教育高质量发展的重要窗口。

【参考文献】

[1] 王利爽，阳荣威."双一流"建设背景下"C9联盟"高校师资队伍及结构调查研究[J].大学教育科学，2017(6)：32-37.

[2] 张航.改革开放四十年浙江高等职业教育发展研究（1978—2018）[D].金华：浙江师范大学，2019.

[3] 高职扩招100万的目标完成没[EB/OL].[2019-12-31].http：//www.moe.gov.cn/jyb_xwfb/xw_zt/moe_357/jyzt_2019n/2019_zt19/baodao/202001/t20200110_415093.html.

［4］中共中央国务院关于全面深化新时代教师队伍建设改革的意见［EB/OL］.（2018-01-20）［2020-01-10］. http://www. gov. cn/zhengce/2018-01/31/content_5262659. htm.

（本文刊载于《职业技术教育》2021 年第 12 期）

本科层次职业学校教师专业发展研究

摘　要："十四五"期间，本科层次职业学校和专业的发展将迎来重要窗口期。本科层次职业学校高质量发展需一支高素质的师资队伍来支撑，高水平结构化"双师型"教师队伍是本科层次职业学校建设的重点。本科层次职业学校教师发展需要从理论素养、项目实践、培养体系、内生动力等方面推进。

关键词：本科层次；职业教育；教师发展；发展路径

2014 年，国务院印发《关于加快发展现代职业教育的决定》中首次提及"探索发展本科层次职业教育"，将其视为发展高等职业教育、构建现代职业教育体系的重要举措之一。2019 年教育部在《国家职业教育改革实施方案》中提出开展本科层次职业教育试点。2021 年 10 月，教育部发布了 2021 年度全国高等学校名单。截至 2021 年 9 月 30 日，全国高等学校共计 3012 所（不包含中国台湾、中国香港特别行政区和澳门特别行政区的高等学校），其中：普通高等学校 2756 所（本科 1270 所、专科 1486 所），成人高等学校 256 所，职业本科类学校 32 所。

教育部 2020 年统计数据显示，2020 年 22 所本科层次职业学校共招生 38435 人。2021 年 10 月，中共中央办公厅、国务院办公厅印发的《关于推动现代职业教育高质量发展的意见》指出，到 2025 年，职业本科教育招生规模不低于高等职业教育招生规模的 10%。按当前招生规模，预计 2025 年职教本科招生规模将达 70 万人，到 2025 年本科层次职业学校达到 150 所以上是大概率事件，因此，"十四五"期间，本科层次职业学校和专业的审批将迎来重要窗口期。培养高素质的教师队伍将是本科层次职业学校决胜高质量、快速发展的重要前提和有力保障。

一、本科层次职业学校发展情况

(一)本科层次职业大学发展历程

本科层次职业大学的发展经历了构想、试点、落实、发展、推进的一系列过程。下面的进度表展现这项教育大计从萌芽到成长,从理论到实践的全过程。

①**本科职教提出**

2014 年 6 月,《国务院关于加快发展现代职业教育体系的决定》提出"探索发展本科层次职业教育"。

②**试点实施**

2019 年 2 月,《国家职业教育改革实施方案》印发,明确"职业教育与普通教育是两种不同教育类型,具有同等重要地位",提出开展本科层次职业教育试点。

③**首批成立**

2019 年 6 月,教育部正式批准了首批 15 所民办高职院校升格为本科层次职业学校,并由"职业学院"正式更名为"职业大学",开展本科层次职业教育试点。

④**落实类型教育定位**

2019 年 12 月,《中华人民共和国职业教育法(修订草案)》发布,用职业高等学校的概念替代高等职业学校概念。职业高等学校对应于普通高等学校,包括专科、本科层次。

⑤**第二批成立**

2020 年 1 月,教育部公布第二批 6 所新升格的"职业大学"。

⑥**迈出实质步伐**

2021 年 1 月,教育部印发《本科层次职业教育专业设置管理办法(试行)》,再次推动职业本科教育工作向前迈出实质性的一大步。3 月,教育部印发《职业教育专业目录(2021 年)》,一体化设计中等职业教育、高等职业教育专科、高等职业教育本科不同层次专业，共设置 19 个专业大类、97 个专业类、1349 个专业，其中中职专业 358 个、高职专科专业 744 个、高职本科专业 247 个。

⑦**明确标准**

2021 年 1 月，教育部印发《本科层次职业学校设置标准（试行）》。

⑧**提出要求**

2021 年 4 月，习近平总书记在全国职业教育大会上作出"稳步发展职业本科教育"的重要指示。

⑨**稳步发展**

2021 年 7 月，教育部印发《关于"十四五"时期高等学校设置工作的意见》提出以优质高等职业学校为基础，稳步发展本科层次职业学校。教育部发展规划司印发《关于开展"十四五"时期高等学校设置规划编制工作的通知》要求拟设立的本科层次职业学校，须把握节奏、优中选优，对照本科层次职业学校设置标准综合考量后，再编入规划，原则上每省（区、市）不超过 2 所。

⑩**持续推进**

截至 2021 年 10 月，教育部正式批准设置 32 所本科层次职业学校。10 月，《关于推动现代职业教育高质量发展的意见》指出，到 2025 年，职业本科教育招生规模不低于高等职业教育招生规模的 10%。

（二）本科层次职业学校现状

在国家顶层设计的指引下，截至 2021 年 10 月，教育部正式批准设置 32 所本科层次职业学校（见表 11）。这 32 所职业大学是高职院校通过直接升格、独立学院合并转设等多种方式升级为本科层次职业技术大学的，是职教本科的先行者。它们打破了专科层次职业教育"天花板"，成为构建横向融通、纵向贯通的高质量职业教育的重要一环，对中国特色现代职业教育体系建设的探索起到了引领作用。

表 11 教育部正式批准设置的 32 所本科层次职业学校名单

序号	本科层次职业学校	建校基础	所在省份	办学性质
1	泉州职业技术大学	泉州理工职业学院	福建	民办
2	南昌职业大学	南昌职业学院	江西	民办
3	江西软件职业技术大学	江西先锋软件职业技术学院	江西	民办
4	山东外国语职业技术大学	山东外国语职业学院	山东	民办
5	山东工程职业技术大学	山东凯文科技职业学院	山东	民办
6	山东外事职业大学	山东外事翻译职业学院	山东	民办
7	河南科技职业大学	周口科技职业学院	河南	民办
8	广东工商职业技术大学	广东工商职业学院	广东	民办
9	广州科技职业技术大学	广州科技职业技术学院	广东	民办
10	广西城市职业大学	广西城市职业学院	广西	民办
11	海南科技职业大学	海南科技职业学院	海南	民办
12	重庆机电职业技术大学	重庆机电职业技术学院	重庆	民办
13	成都艺术职业大学	成都艺术职业学院	四川	民办
14	西安信息职业大学	陕西电子科技职业学院	陕西	民办
15	西安汽车职业大学	西安汽车科技职业学院	陕西	民办
16	辽宁理工职业大学	辽宁理工职业学院	辽宁	民办
17	运城职业技术大学	运城职业技术学院	山西	民办
18	浙江广厦建设职业技术大学	浙江广厦建设职业技术学院	浙江	民办
19	浙江药科职业大学	浙江海洋大学东海科学技术学院浙江医药高等专科学校	浙江	公办
20	南京工业职业技术大学	南京工业职业技术学院	江苏	公办
21	新疆天山职业技术大学	新疆天山职业技术学院	新疆	民办
22	上海中侨职业技术大学	上海中侨职业技术学院	上海	民办
23	湖南软件职业技术大学	湖南软件职业学院	湖南	民办

续　表

序号	本科层次职业学校	建校基础	所在省份	办学性质
24	景德镇艺术职业大学	景德镇陶瓷大学科技艺术学院	江西	民办
25	山西工程科技职业大学	山西大学商务学院 山西交通职业技术学院 山西建筑职业技术学院	山西	公办
26	河北工业职业技术大学	河北科技大学理工学院 河北工业职业技术学院	河北	公办
27	河北科技工程职业技术大学	华北电力大学科技学院 邢台职业技术学院	河北	公办
28	河北石油职业技术大学	河北工业大学城市学院 承德石油高等专科学校	河北	公办
29	广西农业职业技术大学	广西大学行健文理学院 广西农业职业技术学院	广西	公办
30	贵阳康养职业大学	贵州师范大学求是学院 贵阳护理职业学院	贵州	公办
31	兰州石化职业技术大学	西北师范大学知行学院 兰州石化职业技术学院 甘肃能源化工职业学院	甘肃	公办
32	兰州资源环境职业技术大学	兰州财经大学长青学院 兰州资源环境职业技术学院	甘肃	公办

二、本科层次职业教育的内涵与人才培养目标

(一)本科层次职业教育的内涵

职业教育作为一种教育类型,有自己的发展规律和方向。发展职业本科教育是确立职业教育类型地位的关键措施,是我国现代职业教育体系的重要组成部分。多数发达国家已把职业本科教育打造成为重要办学形态。发展职业本科教育顺应当前世界职业教育和高等教育发展趋势,是我经济社会发展到当代的必然产物,也是新时代劳动力需求结构变动的迫切要求。

职业本科教育是本科层次的职业教育,是职业教育延伸到本科层次的结果,是完全按照职业教育人才培养模式举办的本科教育,是培养更高水平技术技能人才的教育。本科层次职业教育专业定位,应当面向产业发展需要,聚焦国家产业结构升级和生产方式进步需要,培养普通本科教育无力培养的高素质技术技能人才。在人才培养过程中,应当符合本科层次职业教育内在的复杂技术逻辑和本科学业标准。

(二)本科层次职业学校培养的目标

在教育部印发的《本科层次职业学校设置标准(试行)》中对本科层次职业学校的办学定位是:坚持党的全面领导,贯彻党的教育方针,落实立德树人根本任务,坚持面向市场、服务发展、促进就业的办学方向,坚定职业教育定位、属性和特色,培养国家和区域经济社会发展需要的高层次技术技能人才。在《本科层次职业教育专业设置管理办法(试行)》中也明确指出:本科层次职业教育的服务面向是产业基础高级化、产业链现代化,对接新经济、新技术、新职业,培养能够解决较复杂问题,进行较复杂操作,从事科技成果或实验成果转化,生产加工中高端产品或提供中高端服务的高层次技术技能人才。本科职业教育人才培养定位的高层次主要体现在以下三个方面:一是应具备较为扎实的理论基础,即知识要求的高层次;二是应具备跨岗位、跨职业的复合能力,即复合能力要求的高层次;三是应具备多样化知识的整合能力,即知识整合能力要求的高层次。

(三)本科、专科层次职业教育人才培养的异同

本科层次职业教育是按照职业教育人才培养模式举办的本科教育。专科层次职业教育的人才培养主要是面向某一技术工作岗位的人才培养,而本科层次职业教育的人才培养则是要与专科层次的人才培养相衔接,培养服务某一专业领域岗位群的高层次技术应用型人才。本科、专科人才培养方式也存在不同,主要体现:①专业设置上,本科层次职业教育的专业口径应宽于专科层次职业教育,以实现与专科层次职业教育专业的有效衔接。②课程建设上,与专科层次职业教育相比,本科层次职业教育要提高理论课程内容的深度和广度。在制订职业本科课程标准时,不能照搬普通本科或应用型本科的课程标准,要坚持以职业岗位任务为导向、以职业工作能力为核心,以对接职业能力标准为理论基础和逻辑起点,建立健全职业本科课程标准并建立定期更新机制,从而为提高课程开发质量以及进一步规划课程建设提供保障支持。③教学实践上,本科层次职业教育更加强调理论教学与实践教学并重,主要是适应某岗位群的需要。

三、本科层次职业学校教师发展新要求

本科层次职业教育不是专科高职教育的加长版,而是以"升级"为契机,瞄准技术变革和产业优化升级的方向,提高学校办学条件和内涵建设。2021年教育部印发《本科层次职业学校设置标准(试行)》,在办学规模、专业设置、师资队伍、人才培养、科研与社会服务、基础设施等方面定出硬指标。当学校达到规定的标准后,才可申请升格为本科层次职业学校。师资队伍方面的要求主要有三点:一是应具有较强的教学、科研力量,配备专、兼职结合的教师队伍,专任教师总数应满足生师比不高于18∶1的标准。来自行业企业一线的兼职教师占比不低于专任教师总数的25%,承担专业课教学任务授课课时占学校专业课总课时的20%以上。二是专任教师总数不少于450人,具有硕士及以上学位的教师数占专任教师总数的比例应不低于50%,具有高级专业技术职务的专任教师人数一般应不低于专任教师总数的30%,其中具有正高级专业技术职务的专任教师应不少于30人。专任专业课教师中,具有三年以上企业工作经历,或近五年累计不低于6个月到企业或生产服务一线实践经历的"双师型"教师比例不低于50%。三是近五年内在职在岗教师(教师团队)获得国家级奖励或荣誉1项以上(包括中央组织部、教育部、人力资源社会保障部主导的人才工程、竞赛项目或荣誉标准)。

表 12　《本科层次职业学校设置标准(试行)》中对师资队伍要求

指标	要求
生师比	不高于 18∶1
企业兼职教师占比	不低于 25%
企业兼职教师承担教学任务总课时	20%以上

续　表

指标	要求
专任教师人数	不少于 450 人
硕士及以上学位的教师比例	不低于 50%
高级专业技术人数	不低于 30%
正高级人数	不少于 30 人
专任教师企业工作经历	3 年以上，或者 5 年累计不低于 6 个月
"双师型"教师比例	不低于 50%
近五年国家级奖项	1 项以上（包括中央组织部、教育部人力资源社会保障部主导的人才工程、竞赛项目或荣誉标准）

2000 年教育部颁布的《高等职业学校设置标准（暂行）》（教发〔2000〕41号）中对师资队伍的要求：设置高等职业学校必须配备专、兼职结合的教师队伍，其人数应与专业设置、在校学生人数相适应。在建校初期，具有大学本科以上学历的专任教师一般不能少于 70 人，其中副高级专业技术职务以上的专任教师人数不应低于本校专任教师总数的 20%；每个专业至少配备副高级专业技术职务以上的专任教师 2 人，中级专业技术职务以上的本专业的"双师型"专任教师 2 人；每门主要专业技能课程至少配备相关专业中级技术职务以上的专任教师 2 人。在 4 年内，大学本科以上学历的专任教师不少于 100 人，其中，具有副高级专业技术职务以上的专任教师人数不低于本校专任教师总数的 25%。

2006 年教育部印发的《普通本科学校设置暂行规定》中对师资队伍的要求：①普通本科学校应具有较强的教学、科研力量，专任教师总数一般应使生师比不高于 18：1；兼任教师人数应当不超过本校专任教师总数的 1/4。②称为学院的在建校初期专任教师总数不少于 280 人。专任教师中具有研究生学历的教师数占专任教师总数的比例应不低于 30%，具有副高级专业技术职务以上的专任教师人数一般应不低于专任教师总数的 30%，其中具有正教授职务的专任教师应不少于 10 人。各门公共必修课程和专业基础必修课程，至少应当分别配备具有副高级专业技术职务以上的专任教师 2

人;各门专业必修课程,至少应当分别配备具有副高级专业技术职务以上的专任教师1人;每个专业至少配备具有正高级专业技术职务的专任教师1人。③称为大学的专任教师中具有研究生学位的人员比例一般应达到50%以上,其中具有博士学位的专任教师占专任教师总数的比例一般应达到20%以上;具有高级专业技术职务的专任教师数一般应不低于400人,其中具有正教授职务的专任教师一般应不低于100人。

从以上三个规范性文件可以看出,《本科层次职业学校设置标准(试行)》中对师资队伍的要求比《高等职业学校设置标准(暂行)》(教发〔2000〕41号)师资队伍要求在数量和质量上都有大幅提高,特别是在"双师型"教师比例、兼职教师、专任教师企业工作经历等方面有了明确的规定。《本科层次职业学校设置标准(试行)》中的师资队伍要求和《普通本科学校设置暂行规定》中的师资队伍要求除数量上有区别外,最大的区别是后者没有"双师型"教师比例、兼职教师、专任教师企业工作经历等方面的要求。由此可见,高水平结构化"双师型"教师队伍是本科层次职业学校建设的重点。

四、本科层次职业学校教师发展路径

教师是发展职业教育的第一资源,是支撑职业教育改革的关键。是否拥有一支素质好、结构优、理论深、技术强、技能高的"双师型"教师队伍是职业本科人才培养定位和培养模式能否真正落地的关键。从教师素质和能力要求上看,单纯的"双师型"已不能满足创新型技术技能人才培养需求,需要同步建设高水平、结构化"双师型"师资队伍。在中职阶段,理论和实践要求都不是很高,在一个教师身上能较好统一起来,到了本科阶段就很难统一。教师之间必须要有所分工,一个专业应有3—5位主要从事实践教学的教师,有一批产教融合型教师,还需要有一批理论型教师。理论型教师需要具备博士学位。因此必须考虑对团队结构进行优化,才能建成职业本科高水平师资队伍。

高水平结构化"双师型"师资队伍建设需要综合施策,全方位推进。一是理论素养提升。严把入口标准,招聘既具备深厚理论素养、又具备优秀工程实践能力的人才担任专任教师。突出实践导向,加强面向实践的应用研究,出台政策鼓励教师进行学历进修,持续提升理论水平和素养。二是项目实践带动。实行企业实践、项目实践和全员轮训制度,通过参加一线项目工作提升实践能力、塑造工匠精神和锤炼工程素养;聚焦行业企业一线应用,提升技术技能创新和服务能力。三是完善培养体系。创新职前分类培养模式,完善职后培训体系,构建职前职后一体化教师培养体系,创新双向挂职制度,促进教师校企同一体制内的双向流动和基于产教融合型企业的双向流动。建设校企合作的"双师型"教师培养基地与企业实践基地,打造一批专业化、结构化的高水平"双师型"教学创新团队。四是内生动力激发。深入开展职业教育思想和观念大讨论,引导教师深刻认识本科职教人才培养要求、师资标准和个人能力差距,唤醒教师的危机意识,激发教师的内生动力和行动自觉。

【参考文献】

[1] 匡瑛,李琪.此本科非彼本科:职业本科本质论及其发展策略[J].教育发展研究,2021,41(3):45-51.

[2] 吴学敏.开展本科层次职业教育"变"与"不变"的辩证思考[J].中国职业技术教育,2020(25):5-13.

[3] 王亚南.本科层次职业教育发展的价值审视、学理逻辑及制度建构[J].中国职业技术教育,2020(22):59-66.

[4] 徐国庆,陆素菊,匡瑛,等.职业本科教育的内涵、国际状况与发展策略[J].机械职业教育,2020(3):1-6,24.

[5] 马燕.我国本科层次职业教育发展研究[D].天津:天津大学,2015.

[6] 沙鑫美.层次、类型、改革:本科层次职业教育的三个基本问题[J].职教论坛,2021,37(3):43-49.

[7] 教育部办公厅关于印发《本科层次职业教育专业设置管理办法(试行)》的通知[EB/OL].(2021-1-22)[2022-1-18].http://www.moe.gov.cn/srcsite/A07/zcs_zhgg/202101/t20210129_511682.html.

Chapter 3

第三章

现代学徒制与教师专业发展

　　现代学徒制是教育部于 2014 年提出的一项旨在深化产教融合、校企合作，进一步完善校企合作育人机制，创新技术技能人才培养，通过学校、企业深度合作，教师、师傅联合传授，对学生实行以技能培养为主的现代人才培养模式。标志性文件有 2014 年教育部印发的《关于开展现代学徒制试点工作的意见》和 2019 年教育部办公厅下发的《关于全面推进现代学徒制工作的通知》。根据上述文件精神，职业院校积极推进现代学徒制试点工作，健全德技并修、工学结合的育人机制和多方参与的质量评价机制，深入推进教师、教材、教法改革以及"校企双主体"育人的人才培养模式改革，全面推广政府引导、行业参与、社会支持、企业和职业学校双主体育人的中国特色的现代学徒制。自 2015 年开始，教育部分三批布局了 558 个现代学徒制试点，覆盖 1000 多个专业点，惠及 10 万余学生（学徒）。试点单位中共有 501 所职业院校，其中 407 所高职院校，94 所中职学校。高职院校现代学徒制试点专业以装备制造、财经商贸、电子信息大类为主。现代学徒制的蓬勃发展，对师资队伍建设、企业师傅队伍建设提出了更高要求。

基于现代学徒制的高职教师专业发展研究

摘　要：推进现代学徒制，师资队伍是关键。当前高职院校教师发展存在实践能力弱、发展动力不足、教师培训不给力等问题。针对这些问题提出了健全相关顶层制度设计、完善教师下企业制度、改革教师培训模式等建议，不断提高教师素质，推动现代学徒制向纵深发展。

关键词：现代学徒制；高职院校；教师发展

2014 年，教育部出台的文件《关于开展现代学徒制试点工作的意见》标志着我国对中国特色现代学徒制的探索进入实质性开展阶段。至今教育部已公布三批现代学徒制试点单位 562 个，其中高职院校占绝对主力。教育教学改革，教师先行。师资队伍建设是提升人才培养质量的关键，也是推行现代学徒制的重要保障。但目前高职院校师资队伍建设情况不容乐观，《2017 中国高等职业教育质量年度报告》指出"师资队伍仍然是影响人才培养质量的瓶颈问题"。2018 年 1 月，中共中央、国务院下发的《关于全面深化新时代教师队伍建设改革的意见》中指出，全面提高职业院校教师质量，建设一支高素质"双师型"的教师队伍。

一、现代学徒制的内涵及其对高职教师发展的要求

（一）现代学徒制的内涵

学徒制是职业教育的最早形态，是一种建立在契约关系基础上的师徒关系，在一定的学徒期内以教学与生产合一的方式进行传授与学习。现代学徒制是一种以教育为首要功能的社会制度，是将传统的学徒训练与现代学校相结合的一种企业与学校合作的职业教育制度（赵志群，2009），这是到

目前认同度比较高的一种定义。徐国庆(2017)对现代学徒制的内涵进行了进一步分析,认为:现代学徒制是基于稳固师徒关系的技术实践能力学习方式;是针对现代工业与服务业中的技术技能人才培养的学徒制;是新型师徒学习方式与学校职业教育相结合的人才培养模式;是一种基于现代职业教育的技术技能人才培养制度。现代学徒制是一种与情境学习理论相吻合的学习方式,体现了职业教育最本质、最朴素的原则——"做中学"。

(二)职业院校教师发展总体要求

目前,我国高职(专科)院校有 1388 所,专任教师 48 万人,在校生人数924.7 万人,为我国经济发展培养了大量的高素质劳动者和技术技能人才。但是,高职教育仍面临着服务经济发展方式转变和产业结构调整的战略任务,必须加快建设现代职业教育体系,全面提高人才培养质量。现代学徒制的蓬勃发展,对师资队伍建设提出了更高要求。为更好把握对高职院校教师的要求,通过梳理 2014—2018 年我国出台的关于职业教育相关主要文件,摘录了文件中关于教师队伍建设的要点(见表 13),可以看出国家非常重视职校教师队伍建设,通过下企业锻炼、培训,提高其实践技能,打造一支高素质"双师型"教师队伍。教师内在专业能力包含:理论知识、教学能力、专业技能、实践能力、教科研能力、社会服务能力、技术应用能力等。

表 13　2014—2018 年主要职业教育文件中关于教师队伍建设的主要精神

文件名称(文号)	关于教师队伍建设方面的主要精神(只摘录关键句)
《关于开展现代学徒制试点工作的意见》(教职成〔2014〕9 号)	现代学徒制的教学任务必须由学校教师和企业师傅共同承担,形成双导师制。加大学校与企业之间人员互聘共用、双向挂职锻炼、横向联合技术研发和专业建设的力度
《关于加快发展现代职业教育的决定》(国发〔2014〕19 号)	实行五年一周期的教师全员培训制度。落实教师企业实践制度。推进高水平学校和大中型企业共建"双师型"教师培养培训基地。加强职业教育科研教研队伍建设,提高科研能力和教学研究水平。建设"双师型"教师队伍
《关于深化职业教育教学改革全面提高人才培养质量的若干意见》(教职成〔2015〕6 号)	加强教师专业技能、实践教学、信息技术应用和教学研究能力提升培训,提高具备"双师素质"的专业课教师比例。落实五年一周期的教师全员培训制度。探索高层次"双师型"教师培养模式

续 表

文件名称(文号)	关于教师队伍建设方面的主要精神(只摘录关键句)
《职业学校教师企业实践规定》(教师〔2016〕3号)	职业学校专业课教师(含实习指导教师)每5年必须累计不少于6个月到企业或生产服务一线实践,没有企业工作经历的新任教师应先实践再上岗
《教育部、财政部关于实施职业院校教师素质提高计划(2017—2020年)的意见》(教师〔2016〕10号)	推进教师和企业人员双向交流合作,建立教师到企业实践和企业人才到学校兼职任教常态化机制,切实提升职业院校教师队伍整体素质和建设水平,加快建成一支高素质专业化的"双师型"教师队伍
《关于深化产教融合的若干意见》(国办发〔2017〕95号)	推动职业学校、应用型本科高校与大中型企业合作建设"双师型"教师培养培训基地。支持在职教师定期到企业实践锻炼。加强产教融合师资队伍建设
《中共中央、国务院关于全面深化新时代教师队伍建设改革的意见》(2018年1月)	切实推进职业院校教师定期到企业实践,不断提升实践教学能力。建立高等学校、行业企业联合培养"双师型"教师的机制。全面提高职业院校教师质量,建设一支高素质"双师型"的教师队伍

(三)现代学徒制背景下高职院校教师能力结构分析

高等职业教育具有高等性、职业性的双重属性。现代学徒制背景下高职院校教师能力结构需从高等性和实践性两个方面来分析。

高等职业院校作为高等教育的重要组成部分,要在教育教学中体现高等教育的水平,要让学生感受到他们是接受高等教育而不是社会上的就业培训,这也是现代学徒制区别传统学徒制的一个重要特点。高等教育属性不足,和中等职业教育没有实质性差别,这也是社会上高职教育被批评比较多的问题。高职教育体现高等教育属性关键因素是什么?是教师对高等学校教育理论、教学实践要求的准确理解与深刻体悟,以及教师自身专业技术水平是否达到了高等教育的境界,这需要高职院校的教师在自己的专业领域具有相当高的造诣。教师在发展过程中必须提升高等教育理论水平、专业技术知识、教学科研能力、教育教学情感与态度。

现代学徒制突出的特点是校企深度合作,教师、师傅联合传授,这是高职教育职业性的特殊要求。行业、企业的实践知识、实践能力、技术应用能力、社会服务能力是高职院校教师发展所必需的技能,对学生实践的指导能力是高职院校教师发展的核心所在。高职院校教师实践技能不强是当前大家的共识,研究者提出高职教师成为"三能"教师的观点,即高职教师"掌握理论知识,能胜任理论教学;提高动手能力,能指导学生实训、实践;参与企业相关研发工作,能够帮助企业克服技术难题,开展应用研究"。另外现代学徒制是双主体、双导师学生培养模式,作为高职院校的教师必须有良好的沟通能力、协调能力,通过与企业师傅的长期相互交流合作,深入了解企业的人才需求、工作流程、岗位标准等,不断修改完善人才培养方案,开发符合实践教学的课程。

二、高职院校现代学徒制师资队伍建设困境

(一)实践能力不足

高职教育不仅需要传授理论知识的教师,更需要传授实际工作能力的教师,现代学徒制背景下,这一点更加突出。只有教师具备了工作技能,才能向学生传授工作技能。国家也非常重视教师的实践能力的培养,教育部等七部门印发《职业学校教师企业实践规定》中要求:"职业学校专业课教师(含实习指导教师)要根据专业特点每 5 年必须累计不少于 6 个月到企业或生产服务一线实践,没有企业工作经历的新任教师应先实践再上岗。"各校也都出台相关办法,由此许多教师对企业工作过程有了一定的了解,获得了一些实际工作经验,但距"双师型"教师的要求相差很远。这主要表现在:一是高职院校教师的课堂教学任务重,教师更多的是利用寒、暑假去企业实践,从而牺牲了部分个人休息时间,因此许多教师只是象征性地去一下,只要企业在实践的表格上盖章即可;二是企业有它固定的作业模式,出于对自身利益的考虑较少向教师们开放核心工作岗位;三是许多国家要求具有 5 年企业实践工作经验才能成为职业学校教师,我国这样下企业实践的方法是很难解决教师实践能力缺失的问题。

(二)发展动力不足

教师前进动力不足,态度消极,已经成为高职院校提高人才培养质量的重大障碍。其主要原因表现:一是高职教育作为高等教育的一种类型没有被社会真正认可。高职教师的社会地位因而受到影响,许多优秀毕业生、高

技能人才不愿意到高职院校工作。二是高职院校对真正"双师型"教师的激励机制不够。在现代学徒制背景下，"双师型"教师必须是集教育理论和实践技能为一体的教师。但国家对"双师型"教师没有评价体系，仅由各高职院校自定标准进行认定，因而，多数高职院校的"双师型"教师比例虽偏高，但真正达到"双师型"教师要求的并不多，且薪酬也并不高，学校没有根据发展目标和教师个体职业生涯发展规划制定科学合理的发展战略。

（三）教师培训不给力

当前，职业教师培训主要以项目化来实施的，主要的培训形式是专家讲座，其核心特征：整个培训计划的主体由在某一领域有突出研究成果的专家承担的讲座构成。为了突出培训的实践性，有些培训中也会包含现场考察、问题研讨等模块。培训的内容都结合当前的热点来设计，如当前最热的培训是现代学徒制、"互联网＋教育"、教学诊断、课堂教育模式等。这样的培训虽能让教师接触到最前沿的理论，扩充理论知识，却无法确保培训内容切实符合教师的岗位需求。尽管每个讲座的内容都很吸引人，并且是由业内知名专家担任，然而这些讲座都是碎片化的，讲座之间的内在关联不强，并没有构成系统的课程。教师在培训结束后很少把培训内容转变为他们的教育教学行动，听的时候很激动，回到学校仍一切照旧。

三、现代学徒制背景下高职院校教师发展策略

（一）健全相关顶层制度，提升发展动力

在我国高等教育从精英教育走向大众化教育，进而发展到普及化教育的过程中，高职教育功不可没。高职教育长期身陷"国家很重视，企业离不开，社会看不起"的窘境。政府要提高高职教育经费投入。教育部 2016 年全国教育经费统计快报显示，2016 年全面高等教育经费总投入 10110 亿元，其中高等职业教育经费总投入为 1828 亿元，仅占 18％。改革高职教育管理体制，完善改革高职教育入学制度、就业制度、薪酬晋升制度、学位制度和学生学历上升通道等一些基础性制度，真正扭转对高等职业教育的偏见，提升高职教育的认可度。高职院校要积极探索教师专业发展和评价的长效机

制,进一步改革完善教师专业技术职务评聘制度。逐步建立高职院校教师专业发展规范,建立职业资格证书制度,完善"双师型"教师标准,引导广大教师积极投身于教育教学改革和服务区域经济发展实践。

(二)完善教师下企业制度,提升实践技能

推行现代学徒制的四大主体为:高职院校、合作企业、高职教师和企业师傅。欧盟委员会指出学徒制的成功因素之一就是政府、企业、学校的共同参与。政府要制订企业接受职校教育顶岗实践的相关制度和激励措施,构建企业、教师双向选择的平台,这必然是一个双赢的结果。对于企业来说,要解决生产过种中的技术难题,对于教师来说,要能提高实践能力,同时也确保教师每5年中到企业或生产服务一线实践不少于半年的政策得到真正落实。高职院校要考虑到企业对人力资源的有效使用,出台相关制度,允许教师在一段时间(如一个学期、一年)带着课题、任务全职到企业工作实践,只有这样企业才能安排实际工作岗位、核心工作岗位给教师,与企业人员共同开展相关研究工作。这样才能让教师在企业内得到技术技能方面的指导培训,才能真正提高专业实践技能。

(三)改革高职教师培训模式,突出能力取向

培养和造就优秀教师和教育家,关键在于教师培养培训模式与内容的改革创新,与时俱进。当前高职院校教师培训必须突出能力取向,构建以教师的工作实践为中心的教师培训模式。培训课程设计要紧密联系教师工作实践,采取"做中学"的方式进行培训。能力来源于实践,实践在能力发展中起关键作用,尤其是深度的高质量的实践。另外,对教育理论的深度理解要以实践为基础,通过"做中学"促进教师对教育理论内涵与实用性的深度理解,让教师掌握"做中学"的教学方法,这对当前现代学徒制的推行尤为重要,不能仅用讲授的方法让教师学习"做中学"理论,还应让教师在培训中产生对理论学习的兴趣。这种培训方式对组织来说是个极大的挑战,需要开发全新的教师培训课程和培训空间,更重要的是需拥有一批融教育理论与实践知识于一身的培训老师,他们是培训中的"双师型"教师。突出高职教师发展能力取向,"做中学"是职业教育教师培养模式发展的基本方向。

【参考文献】

[1] 中共中央 国务院关于全面深化新时代教师队伍建设改革的意见[J].河南教育(基教版),2018(3):4-11.

[2] 潘鹏,刘莲花.现代学徒制的构建:困境与出路[J].南方职业教育学刊,2017,7(6):22-26.

[3] 教育部.2017年教育统计数据[DB/OL].[2021-11-28].http://www.moe.gov.cn/s78/A03/moe_560/jytjsj_2017/qg/201808/t20180808_344779.html.

[4] 杨善江.高职院校教师专业发展的阶段特征及模式选择[J].中国职业技术教育,2013(18):87-91.

[5] 谢列卫.为高职院校支撑一片天[N].光明日报,2017-09-14(14).

[6] 何向东.继续教育背景下中职专业课教师职业能力培养模式构建[J].河北职业教育,2018,2(4):93-99.

(本文刊载于《机械职业教育》2019年第2期)

现代学徒制背景下的企业
师傅队伍建设研究

摘　要：中国特色现代学徒制，在经过五年试点后进入全面推进阶段，企业师傅队伍建设成为推行现代学徒制的重要保障。企业师傅承担着传授知识与技能、传递工匠精神、参与教学创新团队建设的职责。政府、企业、职业院校需制订企业师傅资质标准，构建培训体系、激励机制保障师傅权益，提高现代学徒制师带徒的积极性和带徒能力，为全面推进现代学徒制奠定扎实基础。

关键词：现代学徒制；企业师傅；职业教育；对策

2019 年 5 月，教育部办公厅下发《关于全面推进现代学徒制工作的通知》(教职成厅函〔2019〕12 号)标志着中国特色现代学徒制经过五年的试点后进入全面推进阶段。《2019 中国高等职业教育质量年度报告》显示：2019年，有 4816 家企业参与省级以上试点专业人才培养。参与现代学徒制教育部试点单位 558 个，覆盖 1000 多个专业点，合作企业 2200 家；参与现代学徒制省级以上试点院校 644 所，试点专业 2130 个。校企合作开发现代学徒制人才培养方案 2251 个、课程标准 13332 个，受益学生达 13.7 万人。现代学徒制最核心特征是校企分工合作、协同育人、共同发展。企业师傅队伍建设是推行现代学徒制的重要保障，也是提升人才培养质量的关键因素。目前，我国高职院校的教学团队整体水平还不能满足现代学徒制发展的需求，特别是现代学徒制背景下作为教学团队重要组成部分的企业师傅队伍建设尚处于起始阶段，需进一步探索与实践。

一、现代学徒制对企业师傅队伍建设诉求

（一）政策背景

"完善职业教育和培训体系、深化产教融合、校企合作"是党的十九大报告对职业教育发展的战略性指导方针和方向性顶层设计。我国自从开展现代学徒制试点以来，在实施现代学徒制的相关文件中一直强调企业师傅队伍建设的重要性。《关于开展现代学徒制试点工作的意见》将校企共建师资队伍作为现代学徒制试点工作的重要任务，要求其教学任务必须由学校教师和企业师傅共同承担，合作企业要选拔优秀高技能人才担任师傅，形成"双导师制"。《关于全面推进现代学徒制工作的通知》进一步强调要推广学校教师和企业师傅共同承担教育教学任务的双导师制度，完善"双导师"选拔、培养、考核、激励等办法，加大学校与企业之间人员互聘共用、双向挂职锻炼、横向联合技术研发和专业建设的力度，打造专兼结合的双导师团队。

2018 年 1 月，中共中央、国务院印发的《关于全面深化新时代教师队伍建设改革的意见》指出要切实推进职业院校教师定期到企业实践，不断提升实践教学能力，建立高等学校、行业企业联合培养"双师型"教师的机制，全面提高职业院校教师质量，建设一支高素质"双师型"的教师队伍。2019 年国务院发布的《国家职业教育改革实施方案》（以下简称《方案》）中也提出"多措并举打造'双师型'教师队伍"，推动企业工程技术人员、高技能人才和职业院校教师双向流动，探索组建高水平、结构化教师教学创新团队。"1＋X"证书制度试点、高职百万扩招都倒逼加强企业师傅队伍建设。

（二）国际经验

从国际经验来看，现代学徒制师傅队伍具有不可湮没之功劳。由于现代学徒制是职业教育现代化一种有效途径，也是得到国内外公认和验证的最有效人才培养模式。师傅是确保现代学徒制人才培养质量的关键，承载着技术技能传承的职能，是现代学徒制成功的重要保证。西方发达国家普遍高度重视职业教育师资队伍建设，尤其是企业师傅队伍的选拔与培养。

德国双元制的成功离不开其强大阵容的企业师傅队伍。在德国人看来,要掌握一项职业的具体技能,就必须经过企业的历练,如果仅仅是单纯的学校内照本宣科的职业教育会被认为脱离实际、偏重理论与日常生活脱节。德国现代学徒制非常重视企业师傅队伍建设,依据颁布的《职业教育法》《培训师资质条例》等相关法律制订了企业师傅考试制度,明确企业师傅的资质标准,要求企业师傅具备相应人品和专业资质且具备在行动领域独立从事职业教育前期准备、职业教育实施,完成职业教育的能力,必须证明自己已获得所规定的职业教育学和劳动教育学的技能、知识和能力。此外,德国企业师傅的培养体系相当成熟与完善,并且在师傅培养与进修阶段的专业设置、课程设置及职业标准上不断更新。根据欧盟委员会主要成员国对学徒制的反思与分析,学徒制取得成功的因素之一是对学徒的高质量的指导、支持和监管。学徒的高质量的指导、支持和监管就需要一支能力强的师傅队伍。

二、现代学徒制企业师傅职责

(一)传授知识与技能

个体职业能力发展需要学校情境和企业情境,因此职业教育的承担主体主要由学校和企业组成。在学校教育中,学生学习普通文化课程,接受思想政治教育,全面提升文化素养,系统地学习专业理论知识和基本技能,加深对专业技术的认识,并通过拓展专业范围的学习获得更为广泛的就业适应能力。职业教育的核心是发展人的职业能力,高水平的技能训练需要采取学徒制形式,教师在学校情境中是无法承担这一训练任务的。现代学徒制学习的显著特点是"做中学",技术技能的形成需要在企业真实情境中才能获得。企业师傅是企业中技术技能出众的员工,他们有高超的动手实践操作能力,因此承担技能训练任务的只能是企业师傅。企业师傅以现场操作的方式进行教学、指导,学徒从企业情境中了解生产的基本过程,帮助师傅做一些简单的、辅助性的工作,逐步过渡到在师傅的指导下进行系统性操作,直至能独立完成某项工作。

企业师傅既要具备可向学生传授可操作的"实践性"知识与技能，又要解决学生在理论与实践中无法学到的"内隐性"知识与技能。后者源于波兰尼 1958 年在其名著《个体知识》中提出的"默会知识"理论。"默会知识"主要是相对于显性知识而言的，指的是一种只可意会不可言传的知识，是一种经常使用却又不能通过语言文字符号予以清晰表达或直接传递的知识。默会知识隐含于生产实践当中，如眼光、手势、鉴别力、经验、技巧等。默会知识的获取依赖于企业师傅的"言传身教"，只能通过学生的主观体验或一对一的模仿在实践中获取。默会知识传授才是现代学徒制建立的关键所在。

（二）传递工匠精神

"工匠精神"是一种精神理念，是对产品生产的精益求精、精雕细琢、追求完美、力争极致、不断创新的理念。职业教育主要特征是跨界和融合，在人才培养过程中离不开工匠精神的指引。例如，德国人已经将工匠精神融入整个人才培养的全过程中去，学生在潜移默化之中就能养成良好的工匠习惯，即使在毕业之后，也能将工匠精神贯穿到一生的事业中。

当前我国正全面推进实施"制造强国"战略，打造中国制造 2025。职业教育是与经济社会发展关联最为密切的一种教育类型，担负着为国家培养大批技术技能人才，为国家经济发展输送大批具有工匠精神的高素质劳动者的重要任务。工匠精神是现代职业教育人才培养的价值追求，现代学徒制是企业深度参与学校人才培养过程的人才培养模式，为工匠精神的培养奠定了体制基础。现代学徒制不仅是传统学徒制的继承和发展，更加强调将工匠精神理念融入学徒的培养中。作为企业师傅不仅要将掌握的技术传授给学生，还要倾力把恪守、精益、卓越、创新的职业素养融入教学、生产过程，帮助学徒养成认真负责的工作态度，积极参与技术创新，树立为民族谋复兴的价值追求。

（三）参与教学创新团队建设

教学创新团队既是职业教育内涵建设的重要组成部分，也是提高人才培养质量的重要保障。跨界、整合和重构是职业教育作为一种教育类型的三大特征，教学创新团队必须有企业师傅的参与才是完整的。有了企业师傅的加入，教学创新团队可进一步推进人才培养方式的改革，将职业技能等级证书有机融入专业人才培养方案,优化教学内容,才能更好推进"1＋X"证书制度实施,提高学生就业创业能力,切实增强学校服务区域经济社会发展能力。

企业师傅是教学创新团队的重要成员,他们在各自领域有着丰富的实践技能和产业技术经验,但缺乏教育教学和心理学知识、技术技能的教学方法。职业学校教师则刚好相反,他们有丰富的教育教学知识和教学经验但缺少实践经验。团队角色理论之父贝尔宾研究表明:"没有完美的个人,只有完美的团队,团队中不同角色承担者的优势互补,组成的团队才是有力的。"学校教师应和企业师傅按照产业技术链组成高水平、结构化教师教学创新团队,共融产教信息,实现优势互补,共同确定人才培养方案、开发课程、编写活页教材,深化教师、教材、教法"三教"改革。

三、现代学徒制企业师傅队伍建设对策

(一)制订企业师傅资质标准

早在 2012 年教育部就制定了《幼儿园、小学、中学教师专业标准(试行)》,但是至今没有职业学校教师标准出台,究其原因是职业院校人才培养方式、专业设置、课程更加多元化,导致职业学校教师专业标准的复杂化。《方案》指出,实施教师和校长专业标准,提升职业院校教学管理和教学实践能力。现代学徒制企业师傅作为现代学徒制实施的关键要素,也必须制订相关标准。德国的《企业培训师资条例》对企业培训师的人格素养标准、教育教学能力、专业能力标准做出了规定,使德国企业培训师队伍建设有依有据。当前国内企业师傅的选拔、聘用标准比较模糊,对企业师傅的知识能力结构没有统一的标准,直接影响到企业师傅的带徒能力,影响人才培养质量。随着《方案》实施,我国在制订职业学校教师专业标准的同时,也可借鉴德国的做法,结合当前的学徒制企业师傅的能力标准,推进我国现代学徒制企业师傅的培养。

(二)构建师带徒的激励机制

现代学徒制为一种将传统学徒培训与现代职业教育制度相结合的人才培养模式,需要政府、职业学校、合作企业、学生、企业师傅的积极参与。当

前我国现代学徒制发展策略的关键在于如何通过合理、合法的措施和手段，提升并保持企业、学生与师傅的参与积极性。在现代学徒制全面推进过程中，如何保障企业师傅这个群体的利益，激发企业参与现代学徒制的积极性是亟待解决的重要问题。

为提高企业参与的积极性，《方案》指出要建立产教融合型企业认证制度，对进入目录的产教融合型企业给予"金融＋财政＋土地＋信用"的组合式激励，并按规定落实相关税收政策。有研究表明，当前企业师傅作为市场经济的"经济人"会因职业生存忧虑、潜在利益冲突、情感纽带弱化这三个因素降低参与现代学徒制的积极性。产教融合型企业要将政府给予的优惠政策落实到企业师傅身上，建立相关制度，明确高薪向高水平、高技能型人才倾斜，提升师傅公平感、获得感，让师傅享有带徒补助津贴。将师带徒的工作任务纳入工作量考核范围，把师傅的教学实践记入个人档案，打通师傅晋升渠道，完善师傅职业发展体系，把师傅的实践教学能力、技术服务纳入晋升高级工、技师或高级技师考核之中，并且作为师傅晋升的一个重要方面。

（三）完善的企业师傅培训体系

2014 年教师节前夕，习近平总书记在同北京师范大学师生代表座谈时强调：全国广大教师要做有理想信念、有道德情操、有扎实知识、有仁爱之心的好老师。"四有"好老师的标准同样适用于现代学徒制中的企业师傅队伍，即"四有"好师傅。基于"四有"标准，企业师傅培训体系建设可从以下三个方面着手。

第一，发挥党支部的作用，对于是党员的企业师傅，利用每月主题党日活动不断提高其思想政治素质和职业道德水平。中国特色的现代学徒制必须坚持党的领导、落实立德树人的根本任务，将培育和践行社会主义核心价值观贯穿于师带徒学习活动的全过程当中，培养德智体美劳全面发展的技术技能人才，因此要求企业师傅必须具有高尚的职业道德和坚定的理念信念。对于非党员的企业师傅，表现优异者，可通过党组织的联系争取加入党组织。

第二，所在行业、企业开展"师傅课堂"，从职业生涯发展维度、知识技能提升维度、团队融入等维度有针对性地开展培养工作。企业师傅是企业的技术技能人才,但随着社会发展、技术进步、"互联网+"产业的发展,企业师傅的职业能力需要不断地提升,深入研修学徒指导能力和将默会知识显性化的能力。学徒指导能力还应体现在有"仁爱之心"上。现代学徒制中师徒关系是一种平等关系,师傅应该学会正确处理师带徒过程中的角色定位,师傅是学徒的引导者与陪伴者,还需要面对青年学徒的多元个性挑战。

第三,企业可参照职业院校教师每年下企业1个月的要求,规定企业师傅每年至少有半个月的时间到职业学校参加关于人才培养方式、专业建设、课程建设、教材建设、团队建设、课堂教学、现代化教学方式等方面的学习。

(四)"经验+反思"企业师傅的成长之路

"成长=经验+反思"是美国心理学家波斯纳提出的教师专业化成长公式。我国学者林崇德也认为"优秀教师=教学过程+反思"。现代学徒制企业师傅作为教学团队的重要成员同样适用上述公式,即"师傅成长=经验+反思"。

舍恩在杜威反省思维理论的基础上,把"反思"与"行动"结合起来,提出"反思性实践"这个概念。舍恩(1983)认为:反思是指专业者在工作过程中能够建构或重新建构遇到的问题,并在问题背景下进一步探究问题。企业师傅的反思主要是师傅通过解决自己教育学生实践中遇到的问题进而丰富改变认识结构、提升师带徒能力,主要包括对自身经验的反思、对师带徒实践过程进行反思、通过反思性实践对默会知识进行开发。

企业师傅作为企业员工,在工作过程中积累了大量的工作经验,这些经验是在工作过程中已整合的岗位工作技术技能的精华,包括成功之举、失败之处、工作中重要的事件等。通过反思和教育教学理论相结合,把经验变成可进行教学文字材料、活页教材。企业师傅带徒工作过程是比较复杂的,不仅是完成工作流程、知识、技能,还要考虑情感态度等因素。企业师傅要对工作任务进行分析、反思和系统梳理,使得教学更加有成效,让学徒的技能得到锻炼与提升,工匠精神得到传递。师傅在带徒过程中存在着大量的默会知识,默会知识显性化是一种反思,将默会知识显性化是企业师傅带徒能力重要组成部分,师傅要通过反思性实践对默会知识进行开发,通过反思实现默会知识转移和共享,通过反思去描述,通过反思构建师傅认知结构,更新与提高师傅带徒的能力。

四、结语

现代学徒制教育的场地主要是企业现场和职业院校,教育的主体则是企业师傅和学校教师。《荀子·大略》中说:"国将兴,必贵师而重傅;贵师而重傅,则法度存。"意思是,国家想要振兴,必须尊重教师,重视传授技术专长的师傅;珍视教师且重视师傅,那么法度就能保存。现阶段我国实现产业升级需要大量高技术技能人才来支持,高素质的职业技术技能人才培养需要全面推进现代学徒制,企业师傅是现代学徒制推进的中坚力量。一方面,企业师傅要不断学习、加强反思不断提高自身素质和带徒能力。另一方面,政府、行业企业、职业院校则要建立相应的能力标准、构建培训体系、激励机制,保障师傅权益,提高现代学徒制师带徒的积极性和带徒能力,从而提升技术技能人才培养质量。

【参考文献】

[1] 谢莉花,尚美华,余小娟.现代学徒制背景下我国企业师傅队伍建设需求及策略研究——基于德国经验的分析[J].中国职业技术教育,2019(9):46-56.

[2] 国家职业教育改革实施方案[EB/OL].(2021-02-13)[2021-11-28].http://www.gov.cn/zhengce/content/2019-02/13/content_5365341.html.

[3] 欧盟委员会,欧洲学徒联盟组织.欧洲现代学徒制[M].孙玉直,译.北京:中国劳动社会保障出版社,2016:85.

[4] 徐国庆.我国二元经济政策与职业教育发展的二元困境[J].教育研究,2019(1):102-110.

[5] 吴维煊.勿让"职称评审标准"成为唯一的成长"参照系"[J].江苏教育,2018(78):20-21.

[6] 庄西真.多维视角下的工匠精神:内涵剖析与解读[J].中国高教研究,2017(5):92-97.

[7] 董显辉.德国企业培训师资质标准及其对我国学徒制师傅队伍建设的启示[J].职教论坛,2016(27):85-88.

[8] 吴学峰,徐国庆.我国现代学徒制发展中的"关键问题":基于国内文献研究的思考[J].河北师范大学学报(教育科学版),2017(5),53-57.

[9] 董艳玲.谈教学反思:教师专业发展的助推器[J].首都师范大学学报(社会科学版),2010(S3):81-84.

[10] 黎永键,陈述官.基于成果导向的高职现代学徒制人才培养模式构建[J].河北职业教育,2018,2(3):31-37.

(本文刊载于《河北职业教育》2020 年第 4 期)

产教融合背景下高职院校青年
教师专业发展研究

摘 要：青年教师队伍建设是高职院校可持续发展的重要保证,通过对高职院校教师专业发展的独特性和当前对高职院校青年教师专业发展的现状分析,提出了产教融合背景下高职院校青年教师专业发展途径。

关键词：高职院校;师资队伍;产教融合;专业发展

"产教融合、校企合作、工学结合、知行合一"是高职院校培养适应经济发展新常态的技术技能型人才的必由之路。教师的专业发展是高职院校核心竞争力,是学校发展的命脉。高职院校人才培养的目标能否实现取决于教师的教育教学能力、专业素养、实践经验。近年来高职院校教师数量随着高职院校的发展壮大而大幅度增加,且年轻化特征明显。就浙江省来说,2012—2013 学年全省高职院校 35 周岁以下专任教师占 48.42%,其中 35 周岁以下专任教师比例较高的有:嘉兴南洋职业技术学院(81.82%),浙江汽车职业技术学院(74.26%)。我们必须十分关注青年教师的专业发展,因为他们的专业发展状况将直接关系到高职院校人才培养的质量、教育改革目标的实现,关系到高职院校的持续发展、在未来的竞争力。

一、高职院校教师专业发展的独特性

(一)"跨界"是高职院校区别普通高校教师专业发展的主要特征

高职院校与普通高校的人才培养目标、人才培养模式有着很大的区别,承担的社会责任也不同,是两种不同的教育类型。"跨界"教育是高职教育类型特征的主要标志。高职院校只有建立校企紧密合作、产教深度融合的办学机制,才能办出有特色、有生命力的高职教育,具有明显的跨界性。作为高职院校的教师不仅要有丰富的教育教学能力,还应该成为具有实践经验的技术专家,只有这样才能把学生培养成为适应经济发展新常态的技术技能人才。因此,高职院校教师专业化发展必须从两个层面来理解:一是作为教师职业层面,即教师应具备专门化的教学知识、教学能力与技能,持续改善和提高教学质量的能力;二是职业教育层面,即教师应具备相关领域内专门化的知识与技能、实践经验、学习能力和实践创新能力,这正是高职院校区别于普通高校教师专业发展的根本所在。

(二)产教融合的人才培养模式赋予教师专业发展新内涵

产教融合、校企合作的办学模式要求高职院校的教育教学活动必须坚持与社会实践相结合,切实做到人才培养和产业链相融合。为此,高职院校教师不仅具备专业的知识和技能,更重要的是对高职人才培养目标、人才培养规律、人才培养模式有深刻的理解和把握。必须熟悉相关企业的岗位设置、业务流程、技术规范、生产环节和企业文化,且能把它融入教育教学过程中,能帮助企业解决生产过程中产生的相关技术问题,这些是高职院校教师在专业发展中必须具备的特有素质。产教融合、校企合作人才培养模式给高职院校教师专业发展注入新的内涵。

(三)高职院校的科学研究和社会服务功能赋予教师专业发展新内容

科学研究不仅是普通高校的专利,也是高职院校的一项重要职能,是实现人才培养目标的重要载体。衡量高职院校办学社会价值的重要指标是社会服务能力,所以高职教育必须坚持为区域经济社会发展服务的办学方向,服务区域经济发展的主要形式包括:为相关企业提供技术咨询、产品研发、技术更新、职工培训、方案策划等。高职院校教师的教育教学能力、科学研究能力、社会服务能力是相辅相成的。这就必然要求将提升教师的科学研究能力和社会服务能力纳入教师专业发展的重要内容。

二、高职院校青年教师专业发展的现状分析

(一)专业发展理念不明确,专业发展意识淡薄

目前,高职院校的青年教师大多是毕业于综合性大学,他们的特点是学历高,专业理论基础和学术素养较好。从学生到教师的转变很多时候是瞬间完成的。从本质上来说他们和教师的要求还是有较大的差距的,因为他们缺乏教学基本功培训,缺乏教育学与心理学的知识积累,缺乏教师专业发展规划的学习。而这些知识必须在参加工作后经过不断地学习、培训才能获得。但参加工作的青年教师教学任务繁重,这导致大部分青年教师专业发展理念不明确、意识淡薄、缺乏规划。

(二)教学反思意识薄弱,专业教学能力水平参差不齐

教学反思是青年教师实现专业自主发展的有效手段之一。课题组调查显示:认为必须进行教学反思的青年教师只占 15.6%;认为不必进行反思的占 15.9%;其他的认为无所谓,很少有人能坚持写反思日志。18.2%的青年教师回答不知道教学反思的方法和策略;有 50.3%回答没有进行教学反思的习惯;31.5%的回答坚持不下去。由此可以看出,大部分青年教师还没有真正意识到教学反思的重要性。同时,在调研中也发现有少部分青年教师在教育教学、科学研究等方面脱颖而出,成为相关专业的骨干教师、学科带头人等。究其原因,除了他们热爱教育事业、年轻有活力,专业知识扎实外,还有一个共同的特点是他们都非常注重教学反思、注重理论与实践相结合。但从整体上看,高职院校青年教师专业教学能力水平有待进一步提高。

(三)科研能力欠缺,缺乏深层次的校企横向合作研究

当前,高职院校青年教师工作重点基本上都放在课堂教学上,部分青年教师虽积极地参与一些课题研究,但因缺乏专业实践经历和经验,研究多偏重理论。高职院校与企业都有合作,但合作的深度和广度十分有限,青年教师无法参与其科技研发,更谈不上开展校企合作课题研究或成果推广。调查表明:一年中教师真正能够深入企业生产一线进行专业实践锻炼超过一个月时间的不足 20%;教师与企业专家合作进行科学研究,帮助解决实际

问题的不足 5%。这与发达国家非常重视教师专业实践能力,并能使其在产业发展中发挥重要作用形成了强烈的反差。我国高职院校教师真正深入产业进行专业实践时间少,缺乏深层次的校企横向合作研究,这在很大程度上限制了教师的专业发展。

三、产教融合背景下高职院校青年教师专业发展途径

(一)做好规划,明确专业发展目标

青年教师在从事高等职业教育最初的 3—5 年时间内所取得的成绩,对他今后发展会有很大影响。所以青年教师要根据情况尽早准确定位专业发展目标。课题组调查显示,在回答"您有制订过自己的专业发展规划吗?"这个问题时,从没有考虑过的占 34.3%;有考虑过,但没形成计划的占 25.7%;有大致的计划的占 24.6%,有较明确和具体的计划的只占 15.4%。在回答"您的专业发展目标是什么"这一问题时,有 43.3%的青年教师回答未认真考虑过。专业发展的主体是教师,青年教师必须增强自我专业发展意识,加强专业发展或成长规划的系统学习,通过自身学习和实践,尽快做好专业发展规划,明确专业发展目标。

(二)深入企业,提高实践教育教学能力

产教融合、校企合作人才培养模式下的高职院校教师已经不仅仅是知识层面的传授,还要重视崇尚劳动、敬业守信、创新务实等精神的培养。《国家中长期教育改革和发展规划纲要(2010—2020 年)》明确要求高职院校要教师定期到企业实践、到企业顶岗实践积累实际工作经验、提高实践教学能力。2015 年《浙江省人民政府关于加快发展现代职业教育的实施意见》中提出:探索建设新招聘教师入职第一年进行"师范教育+企业实践"培养制度。这是推动新入职的青年教师深入企业实践提高实践教育教学能力的重要举措。各高职院校要出台专业教师到企业实践的制度和考核要求,给青年教师搭建下企业实践锻炼的平台。青年教师要利用所学的专业知识真正参与企业生产的各个环节中去,通过实践锻炼提高教学的针对性和实效性,提高实践教育教学能力。

(三)寻求合作,加强横向课题研究

开展横向课题研究是产教融合背景下促进高职院校教师专业发展的有效途径之一。首先,学校应选择职业道德素质高,科研、实践、责任心强的教师担任青年教师教学科研导师,加强科研指导。其次,作为青年教师要从基础研究做起,立足于与专业相关的中小型企业合作开展研究,因为中小型企业有较好的合作意愿和合作基础。杭州科技职业技术学院创业园是"杭州市富阳区科技企业孵化器"。2014 年学校通过这个平台与多家企业合作,共同建设课程 85 门,共同开发教材 39 种;订单培养学生 624 人,签订横向课题 7 项。这些均较好地实现了学校—企业良性互动的一体化发展,实现双赢,同时也促进了一批青年教师的专业发展。

(四)成立教师发展中心,推进教师发展服务系统化

教师专业发展既是教师个人的事情,也是整个学校的事情。教师所任职学校是教师专业发展的最理想场所,教师培训是教师专业发展的主要辅助途径。2012 年教育部出台了《关于加强高等学校青年教师队伍建设的意见》,对推动高等学校设立教师发展中心做了明确规定。成立教师发展中心的意义在于建立一站式教师专业发展的服务网络,全面组织与引导教师专业发展。高职院校教师发展中心一般增挂在人事处,负责教师发展中心的运作。其主要职责有:开展师资培养、培训的政策宣传;进行青年教师素质开发的需求分析;组织新入职教师培训;开展教师职业发展相关咨询;开展分层分类的培养培训活动,如理论知识与专业技能培训、导师结对、组织教师行业挂职锻炼、在职进修、人才工程建设等。教务处主要开展各类教学基本功比赛,专业教学团队建设等。二级学院要组织各专业的行业技能操作比赛。科研处进行科学研究指导,为教师搭建校企合作研究的平台。

【参考文献】

[1]李芹,吴寒.高职院校青年教师专业成长现状与问题分析[J].广东农工商职业技术学院学报,2012(2):6-8.

[2]樊丰富,成军.高职院校教师专业发展服务体系的构建研究[J].中国高教研究,2013(12):77-80.

[3] 高海霞,张翠竹.高职院校青年教师专业发展的策略研究[J].北京工业职业技术学院学报,2012(4):63-65.

[4] 孙小娅,向敏.科学研究对高职院校教师专业发展影响的调查研究[J].教育与职业,2012(29):63-64.

[5] 李国成,许莉莉.产教融合背景下高职院校青年教师专业发展途径[J].文教资料,2104(27):105-106.

[6] 鲍聪.试论高职院校教师专业发展特征[J].浙江工商职业技术学院学报,2010(6):86-88.

（本文刊载于《南昌教育学院学报》2016 年第 1 期）

第四章

教育大数据与教师专业发展

《加快推进教育现代化实施方案(2018—2022年)》提出了推进教育现代化的十项重点任务,第六项为大力推进教育信息化。须着力构建基于信息技术的新型教育教学模式、教育服务供给方式以及教育治理新模式。促进信息技术与教育教学深度融合,支持学校充分利用信息技术开展人才培养模式和教学方法改革,逐步实现信息化教与学应用师生全覆盖。创新信息时代教育治理新模式,开展大数据支撑下的教育治理能力优化行动,推动以互联网等信息化手段服务教育教学全过程。

没有信息化就没有现代化,教育信息化是教育现代化的基本内涵和显著特征。人工智能、大数据、区块链等技术迅猛发展,将深刻改变人才需求和教育形态。信息化不仅改变了教与学的方式,而且已经开始深入影响到教育的理念。教育信息化已成为教育系统性变革的内生变量,支撑引领教育现代化发展,推动教育理念更新、模式变革、体系重构。教育信息化给教师发展带来新的要求与挑战。

教育大数据背景下高职院校教师专业发展：挑战、内涵、路径

摘　要： 大数据时代，职业教育领域的智能化教育颠覆了传统教育方式，也对高职院校教师专业发展提出了新的挑战。针对高职教师的专业成长，分析其内涵：TPACK是教师发展的核心能力，数据素养是教师发展的必备能力，知识管理是教师发展的支撑能力。从重新定位教师角色，重构教师专业知识与专业素养，培养大数据意识，提高数据素养，建立在线联盟等方面设计发展路径，以适应教育大数据背景下高职教育需求。

关键词： 大数据；高职教师专业发展；挑战；内涵；路径

2019年1月国务院发布的《国家职业教育改革实施方案》指出："要适应'互联网＋职业教育'发展需求，运用现代信息技术改进教学方式方法，推进虚拟工厂等网络学习空间建设和普遍应用。"这既是对高等职业教育传统教学方式方法的挑战，又是对高职教师专业发展的新要求。研究教育大数据背景下高职院校教师专业发展的挑战、内涵、路径，有利于促进教师的专业发展以适应信息化教学时代。

一、挑战：教育大数据带来教育教学方式的变革

（一）教育大数据潜藏着巨大价值

2012年发布的《大数据促发展：挑战与机遇》白皮书中指出："大数据时代已经到来，大数据的出现将会对社会各个领域产生深刻影响。"今天的教育已经与信息技术密不可分，这是一场信息数据对教育的巨大变革。目前，学术界还尚未对"教育大数据"的概念有明确的定义。本研究认为：教育大

数据是指整个教育活动过程中所产生的以及根据教育需要采集到的、一切用于教育发展并可创造巨大潜在价值的数据集合。教育大数据来源于各种教育教学活动(包括课堂教学活动、顶岗实习活动、学生管理活动、科学研究活动、社会实践活动、校园文化活动等),每个教育利益相关者既是教育数据的生产者也是教育数据的消费者。管理和使用教育大数据,挖掘和分析教育大数据的价值,促进教育过程的细分化和精准化,必将颠覆传统教育方式,推动教育朝着更加公平、优质的方向前进。早在 2014 年,魏忠在其著作中便提出"教育大数据推动了教育思维方式的革新,重构了教育教学的评价方式、颠覆了传统的教学模式、实现了个性化教育服务支持"。

(二)教育大数据适应教育规模化与个体差异的细分化和精准化

数据主义源自生物学和计算机科学的大发展。历史学家尤瓦尔·赫拉利在《未来简史》中说:"数据主义认为宇宙由数据流组成,任何现象或实体的价值就在于对数据处理的贡献。……它将传统的学习金字塔彻底翻转。"生命体自身实质上就是一种算法,生命不过是一个不断地处理数据的过程。人类拥有几千年的文明史,其间累积了海量数据。作为承担传递知识功能的传统教育在这些数据面前已经捉襟见肘。在教育的实施过程中,学习者与施教者是贯穿始终的两大主体。作为具有主观能动性的人,教与学的双方都是教育过程中不可控因素,就是数据处理中所谓的"算法"。算法不同,产生的结果也就不同——这两大主观因素的客观存在导致现实的学校教育存在许多诸如生源、学情、教学资源分配、评价体系等差异,虽然现实教育做了如分层教学、教师流动教学等诸多努力和尝试,但最终都无法避免教育结果的天差地别,导致教育的不公平。

大数据视角下,教育既能达成学习者数量及普及面上的规模化,又可以实现基于年龄、阶层、职业需求、兴趣爱好等各种类型分层教育内容的分发,完成个性化定制式培养。例如,现在流行的各种手机语音或视频学习 App、精品在线开放课程、MOOC(慕课)等平台,能同时满足全球范围内数以亿计的学习者同时在线学习需求。学习者可以在适合自身的时段和环境中,基于算法的不同而选择学习的内容、方式,在过程中获取不同的个性化支持。同时,施教者在互联网大数据的支持下,追踪每个学习者的行为,测量、收集和分析个人的学习背景和过程,从中归纳出学习者个体的学习风格和行为,预判学习需求和结果,提供真正意义上的个性化服务,真正实现"因材施教"。

(三)教育大数据从集中教育扩展到碎片化教育、终身教育

一般说来,传统教育将普通人的学习时间集中在一生中前二三十年,用这段时间来完成正规的学校教育和基于家庭、社交、休闲等环境下的非正式教育,从而完成一个人从家庭走向社会的过渡。人一旦走向社会,投入工作,传统教育即告终止。

随着人类文明程度的提升,社会和生活上的任务切换也更加快速,学习者面临更多的内容、机会、生存压力与挑战。在此环境下,学习者对时间的分配更加精准、细密,通常称之为"时间碎片化"。这种趋势倒逼着学习者将学习融入日常的工作和生活情境中,并且这种学习将伴随一生。在大数据的帮助下,学习者可随时利用共享的互联网资源来进行个性化学习,因此,这不仅克服了空间上的局限性,也将学习时间延长至其生命的终点。

(四)教育大数据从单一化的教育评价走向过程性智慧评价

实质上,教育评价其实就是处理、分析和解释教育数据的过程。传统的教育评价单一地建构在学生的考试成绩之上,不仅将其视为学习者最终的学习结果,而且用它来考评施教者的业绩。这样评价方式不符合事物动态发展的一般规律,缺乏科学性,不仅以偏概全地去评估学习者和施教者的整体能力,还忽略了他们的个性、实践等多方面的差异化,束缚了"教"与"学"双方的成长空间。

随着大数据时代的教育不断发展,教育评价监测体系也发生着变革。"一考定终身"的传统教育评价体系的局限性日渐突出,取而代之的是大数据支持下的过程性监测评价体系。教育数据有三大新的处理理念,即"要全体不要抽样,要效率不要绝对精确,要相关不要因果"。互联网支持下的教育数据采集来源更加丰富、多元,范围也能从校内扩展到校外,从时间上也可以扩展到终身,不仅能采集到考试成绩、等级等这样静态的结果性成绩,也可以采集到如课堂互动、网络搜索等动态的过程性数据。

二、内涵：教育大数据呼唤高职教师专业能力的提升

（一）TPACK 是高职教师专业发展的核心能力

教育大数据的时代背景，信息技术的发展，对高职教师提出了更高的能力要求。国内外针对教师专业发展的研究中，教师的专业能力都是首要的研究对象。在教育大数据环境下，TPACK 被视作教师专业发展的核心能力。TPACK 的全称为 Technological Pedagogical Content Knowledge，即整合技术的学科教学法知识，由美国学者科勒和米什拉在 2005 年提出。TPACK 由 7 个要素构成，包括学科内容知识（CK）、教学法知识（PK）、技术知识（TK）三个核心要素，这三个核心要素之间两两相交集，形成学科内容、教学法和学科教学三大复合知识，即整合技术的学科内容知识（TCK）、整合技术的教学法知识（TPK）、学科教学知识（PCK），而核心要素三者重叠的地带则形成"学科教学知识"，即整合技术的学科教学知识（TPACK）。区别于以往的专业能力理论框架，TPACK 强调了技术知识的重要性，将其提升到与学科知识和教学法同等的地位，为教育研究开拓了新的领域。

高职院校教师的专业发展兼具高等教育和职业化的双重属性，具备"整合技术的学科教学知识"是高职教师区别于学科专家或者普通教育者的最大不同。例如，在教学设计环节，教师要结合实际情况进行与本专业相关的大数据实验和实践，采取多元化的教学策略，充分利用互联网资源和创新的教育技术，来激发学生的学习兴趣，帮助学生完成工作任务，培养学生的协作能力、数据资源的共享和协同能力。

（二）数据素养是高职教师专业发展的必备能力

数据素养，主要指人们在数据的采集、组织和管理、处理和分析、共享与协同创新时具备的能力，以及在数据的生产、管理和发布过程中所应遵循的道德与行为规范。信息技术已经改变了职业教育，大数据为教师智能化教学和学生学习带来无限的便捷。在"互联网＋教育"的应用中，学校、教师、学生都在源源不断地产生数据，无论是教师的教学资源库，还是学生进入在线精品课程学习，服务器都会自动记录下这些数据，并且对数据进行分析整

合,提炼出有价值的那一部分,进而了解个人的兴趣和学习风格。如何对这些海量数据再进行有组织的分析、运用,为教育提供精准快速全方位的信息,这就需要教师具有一定的数据素养。

教师利用数据采集工具,系统地收集和分析学情信息,通过收集到的大数据来正确理解学生的学习行为,并以此为基础来开展个性化教学。当然,学生数据安全和个人隐私也列入教师重要数据素养之一。在教学实践过程中,高职院校教师必须具备洞察数据的能力,正确地解读蕴含其中的教与学双方的行为,它是顺利完成教育大数据背景下教学活动所必备的能力。

（三）知识管理是高职教师专业发展的支撑能力

知识管理能力是一个人在规划和管理知识、创造知识和运用知识等活动中所体现出的能力。教师对知识的管理能力可以体现为,构建一个自身可测量与可评估的知识体系,让在自我学习和教学中产生的反馈与结果,通过获取、加工、共享、整合、记忆、输出、迭代、创新等过程,不断地回馈到原有知识系统内,能源源不断地累积学习与教学知识、形成个人智慧的闭环,在教师专业发展中成为管理与应用知识的智慧资本,支持教师做出正确的发展策略,以适应大数据时代的变迁。

从教育大数据的角度看来,这样的知识管理能力主要表现为三种类型,即实现隐性与显性知识相互转化的能力,线上与线下知识同步更迭的能力和学校与企业知识实现联动的能力。第一,隐性知识是迈克尔·波兰尼（Michael Polanyi）在 1958 年从哲学领域提出的概念。显性知识是能够被人类以一定符码系统加以完整表述的知识。隐性知识是相对显性知识而言,是指那种我们知道但难以言述的知识。第二,线下知识与线上知识是相对而言,线下知识是指高职教师在真实社交场景下获取的知识,例如自身的专业知识、课堂上获得与学生面对面的反馈、教学经验等。而线上知识则是教师利用互联网等虚拟媒介时获取的知识,主要表现为教师利用网络资源实现自我认知迭代。第三,为了实现校企知识联动,国家于 2016 年颁布了《职业学校教师企业实践规定》,组织教师企业实践,规定职业学校专业课教师（含实习指导教师）要根据专业特点每 5 年必须累计不少于 6 个月到企业或生产服务一线实践,以实行工学结合、校企合作人才培养模式,提高职业教育质量。

良好的知识管理能力能够帮助教师建立专业知识系统,完善个人知识结构,是支撑高职院校教师专业发展的有效途径。高职院校是高等教育专业知识与职业技能的聚集地。在信息技术普及和互联网资源共享的今天,专业知识与职业技能不再是教师的专属资源,因此,要借助教育大数据,逐渐形成高职教师对知识特有的管理能力。

三、路径:教育大数据重构教师专业发展的路线

(一)教师角色的重新定位

传统教育中,教师的权威来自本身所具备的知识、经验、独占的信息和资源。但大数据时代的教与学都发生了巨大的变化——教师权力正在去中心化,教师不再是单纯的知识传授者。有人担心学生获取知识的渠道多样化后,教师将会失业,大数据将会取而代之。但学习作为一个社会化的过程,面对面的人际沟通不可能被人机交互所替代,而教师作为人能发挥更好的主观能动性,数据可以筛选、排序,用于组合内容,但无法自行生成内容,因此教师这种职业不会消失,并且作用会进一步加强。

教师应及时转变对待知识和教学的态度,调整好对自身角色的定位。以前照本宣科式的教学应让位于组织学生讨论的管理能力,让位于鼓励学生敢于思考、勤于动手、敢于创新的沟通能力,让位于从动态评估数据中获取学生学习信息的分析能力,让位于根据大数据对学生进行个性化指导的执行能力。

(二)学习者角色的再定位

与同龄人相比,目前在校的高职院校学生无论在文化课成绩、学习习惯还是动手能力方面的表现都一般,但他们在数字化时代出生和成长,海量的互联网大数据都有他们的一部分贡献,可以说他们是互联网时代的"数据土著",因此,他们学习新技术的能力特别强。作为教师,应该与学生一起去拥抱新技术、学习新技术,抱定终身学习的理念,才能适应大数据时代的教育教学工作。在互联网大数据、产教融合的背景下,高职院校教师的工作职能

变得更加复杂、更具有创造性,实现信息技术与教育的深度融合是教师需要具备的能力和素质。

(三)培养教师大数据意识与数据素养

大数据时代的高职院校教师必须掌握互联网相关知识技能,不断提升自身的信息与数据素养,实现技术与教育的融合。这需要职前和在职的联动培养,同时数据素养的发展也是教师自主发展的过程,教师要在教育教学实践中主动使用教育大数据来支持教学改革和决策,在具体的教学实践中训练数据的收集、管理、统计、分析、挖掘技能,这些都是提升教师数据素养的关键环节。

目前,许多高职院校已经成立教师发展中心,可依托这个平台开展教师信息化教学的培训,采用现场与网络并行的方式为教师提供所需的技术支持,率先探索"互联网+教学"的培训模式,变革统一时间、统一地点的传统培训方式,根据教师个体的需要,随时随地解决个体的问题,提高教师信息化教学能力。在信息教学平台的选择上学校必须给出指导,支持教师使用大数据库进行有效的教学改革与实践。

(四)建立在线联盟合作教师专业发展模式

互联网作为一种客观存在,强势介入人类社会和个人生活。人们相互通信和信息共享,使人类交往活动有了质的提高。互联网大数据时代,新的教育技术可以改变教学,同样也改变教师专业发展模式。高职院校教师可依托在线学习平台组成联盟式合作发展模式,依托大数据平台,使相关学科的教师结成学习共同体,共同学习新技术、新技能。联盟式合作发展模式是通过合作学习发展带动教师个人发展。在线教师专业发展(OTPD)作为一种学习模式,突破了传统教师专业发展的模式,它的优势是学习速度快、知识更新及时和学习时间自由。协同创新精神是高职院校教师必备的专业素质,合作共赢是教育大数据时代赋予高职院校教师的使命,学习共同体也是高职院校教师专业发展的必由之路。

【参考文献】

[1] 杨现民,唐斯斯,李冀红.发展教育大数据:内涵、价值与挑战[J].现代远程教育研究,2016(1):50-61.

[2] 魏忠.教育正悄悄发生一场革命[M].上海:华东师范大学出版社,2014.

[3] 胡水星.教师 TPACK 专业发展研究:基于教育大数据的视角[J].教育研究,2016,37(5):110-116.

[4] 张进良,李保臻.大数据背景下教师数据素养的内涵、价值与发展路径[J].电化教育研究,2015,36(7):14-19.

[5] 邱学青,李正.基于知识管理视角的高校教师专业发展策略研究[J].高等工程教育研究,2013(6):81-85.

[6] 李国成,向燕玲.教育大数据视角下高职院校教师专业发展研究[J].牡丹江教育学院学报,2017(6):11-13.

[7] 康巍巍.大数据时代下的高校教师专业发展[J].教育与职业,2016(15):46-47.

（本文刊载于《职业技术》2019 年第 6 期）

教育大数据视角下高职院校教师专业发展研究

摘　要：大数据时代的到来，给高等职业教育带来深刻影响，学生学习方式、教师的教学方式都发生了显著的变化。教育大数据推动了教育思维方式的革新，高职院校教师专业发展必须面对教育大数据带来的机遇和挑战，同时需要运用自身教育实践进一步推动大数据在教育教学中的应用，在新技术的学习与应用中促进自身专业发展。

关键词：大数据；教师专业发展；TPACK

在当今信息时代，随着教育信息化的持续推进，互联网大数据和信息技术与高等职业教育的深度融合是大势所趋，未来教育在互联网等技术的作用下变得越来越多样化和终身化，必将深刻变革传统的教育服务模式。教师必须有效将各类新技术融入教育教学活动中。互联网大数据与教育结合、信息技术与教育相碰撞，拓展了教师专业发展研究领域，推动了教师专业化的持续发展。大数据、互联网等技术引领的这场教育革命，使得我们对教育领域各种数据的收集、存储、分析、挖掘、使用成为一种可能。教育大数据推动了教育思维方式的革新，教师是任何时期教育变革的关键所在，在当前互联网大数据时代教师必须面对大数据带来的机遇与挑战，同时也要在教育实践推动教育大数据的应用，在大数据的应用中促进自身专业发展。

一、教育大数据时代的高职教育变革

(一)规模化培养和个性化学习相结合

在互联网大数据背景下，教育可以实现规模化和个性化培养相结合。学习者在个性化的时间、学习环境中，根据社会需求和个人需求，自主选择学习内容、学习方式,让学习过程有更多的个性化的支持。高职院校的学生有多种来源,有普通高考生,有中职考生,有"3+2"的学生。基于教育大数据,可以精细刻画学生特点、洞察学生学习需求、引导学生学习过程、诊断学生学习结果。通过对学习者学习背景和过程相关的各种数据测量、收集和分析,从海量学生相关的数据中归纳分析各自的学习风格和学习行为,进而为学生提供个性化的学习支持。大数据可以在保障现有教育规模下实现差异化,一方面可以根据学生不同的层次进行因材施教,教师可以根据不同学生的需求推荐合适的学习材料;另一方面可以达成更大的教育规模,比如,MOOC(慕课)平台突破了传统课堂教学的限制,能同时满足数以万计学习者的学习需求。MOOC平台可依托大数据构建学习者体验模型对其线上课程进行评估,进行线上课程的再设计、改变课程学习顺序、优化教学策略,为每一位学习者提供不同的教学服务,实现规模化下的多样化、个性化教学。

(二)从正式学习到生活化学习

学习涵盖了正式的学校学习,也包括非正式的学习,如家庭教育、工作锻炼、职场历练等。在互联网大数据背景下,碎片化学习已成为日常生活的重要组成部分,而不是生活时间之外的额外学习,是一种正式学习与非正式学习的融合。资源共享是互联网大数据时代的一个重要特征。在此背景下,学习开启了自助菜单模式,互联网教育打破了传统学校教育中统一规范、固定场所的教育,将固定的班级授课转变为微课呈现。以教学知识点为呈现单位,学习者有了更多的选择权,这也满足不同兴趣爱好学生的学习选择,他们同时可以自由地选择学习时间。

(三)从静态评价到动态评价

教育评价是教育的重要组成部分,随着教育信息化的发展,传统静态的终结性评价已不能全面评价学生的发展,而动态的形成性评价越来越受到欢迎。静态评价主要以"考试成绩"对学生进行一元化评价,不能很好反映学生的专业技能和实践能力,更不可能从多维角度来反映学生的个性品质,忽视了学生的全面发展,扼杀了学生的创新能力。在互联网大数据的支持下,教学评价从传统的静态评价到动态评价有了可能,学生学习过程都可以用数据的形式保存下来,通过对数据的挖掘、整理和分析,以更客观地对学生的学习情况和教师的教学进行评价。教育评价将更多着眼于多维度学生智能的发展、专业技术能力、实践技能的评价,特别是创新创业能力的评价。

二、教育大数据时代高职院校教师专业发展内涵

(一)TPACK 是高职院校教师专业发展的核心

2005 年,美国学者科勒和米什拉首次提出整合技术的学科教学法知识(TPACK),2006 年,在他们联合发表的论文中对 TPACK 进行了系统的阐述。TPACK 的 7 个要素包括学科内容知识(Content Knowledge,CK)、教学法知识(Pedagogical Knowledge,PK)、技术知识(Technology Knowledge,TK)三个核心要素,以及整合技术的学科内容知识(TCK)、整合技术的教学法知识(TPK)、学科教学知识(PCK)、整合技术的学科教学知识(TPACK)四个相互交织的复合元素。TPACK 为课程教学和信息技术与的有效融合、学科教学法知识体系构建提供了崭新的研究视野。结合高职院校教师专业发展具有高等性和职业性的双重特征,在当前教育大数据时代,教师必须掌握前沿性的技术信息,能与行业企业进行技术创新。学生学习方式的改变让教师更多地利用信息化手段进行教学。在信息技术支持下,把专业知识和专业技能相整合,已成为高职院校教师专业发展的核心。

(二)知识管理能力已成为教师专业发展的有效途径

高职院校作为高等教育的重要组成部分,它是知识、技术密集的组织,教师是以知识、技术为基本工作素材和手段的职业,教师在传授已有的知识、技能的同时,更重要的是在工作中不断创新。在当前这个时代,知识资源不再稀缺,教师与学生都可以轻松便捷地获得大量的各类知识,教师必须不断学习。但人的记忆能力有限,无法记住所有信息,学会保存信息和知识,才能在需要的时候快速获取。知识管理能力已成为高职院校教师专业发展的有效途径,良好的知识管理能力能够帮助教师建立专业知识系统,完善个人知识结构,促进隐性知识的显化。

(三)数据素养已成为教师发展的核心素养之一

数据素养是"解读、处理、分析和反思数据的能力"。人类已进入大数据时代,数据素养已成为公民的基本素养,作为高职院校教师必须有很强的数据意识。在教学设计方面,教师要设计有关本专业的大数据实验及实践环节,对教学实践接触到的相关数据具有敏锐的洞察能力,能从数据的角度理解、感受和评价教与学的相关过程和行为。教师要利用数据采集工具或系统收集学生学习的各种数据,还要深刻理解如何使用这些数据促进教学和学习。教师通过大数据的采集、挖掘、分析来了解学生学习行为的特征,从而因材施教,但同时必须重视数据安全和保护学生的个人隐私。

三、教育大数据时代高职院校教师角色转变与专业发展

(一)教师角色的重新定位

大数据时代的教与学都将发生巨大的变化,在这个时代学生可以通过各类智能设备连上互联网,搜索和获取要学习的资料和信息。知识、经验、信息不再专属于传统教育中的教师,教师权力正在去中心化。作为大数据时代的教师要转变对待知识及知识传递的态度,教师不再是单纯的知识传授者,以前照本宣科式的教学,要让位于让学生在真实和虚拟的体验中主动发问,让位于教会学生多维度地探索问题,让位于鼓励学生多样化地创造和分享,让位于根据大数据对学生进行个别引导的技能,以便在教学中培养学生敢于思考、勤于动手的能力。未来教育朝个性化发展,但教师职业不会消失且作用更加重要、光荣、伟大、崇高,这是因为数据可以筛选、排序,用于组合内容,但无法自行生成内容,且学习过程是一个社会活动,老师与学生面对面的人际沟通是没办法被替代的。

(二)拥抱新技术,做终身学习者

当前的高职院校学生,出生在数字化的时代里,他们可以说是大数据时代的"土著居民"。他们还有一个特点,即文化课成绩一般,但动手能力、学习新技术的能力强。教师要和学生一起拥抱新技术。在互联网大

数据、产教融合的背景下,高职院校教师的工作职能已变得更加复杂且更具有创造性,实现信息技术与教育的深度融合是教师需要具备的能力和素质。"互联网＋教育""大数据＋教育"的教育教学改革的实践大幕已经开启,教师必须更新自身知识结构,提升自己的信息素养,适应新的教学模式和教学方法,必须与时俱进地完善、发展自己,努力成为教育大数据背景下的合格教师。

(三)做知识管理达人,促 TPACK 发展

高校教师的专业发展是一个动态的和持续渐进的过程,其中 TPACK是教师专业发展的核心内容,知识管理是促进教师专业发展的重要途径之一。在教育大数据背景下高职院校教师专业发展过程,其核心知识是TPACK 7 个知识圈的重要内容,教师良好的知识管理习惯已成为教师专业发展的利器。网络环境学习的碎片化知识须及时进行整理,建立教师专业发展个人知识库、知识门户、学习网络和教师专业发展的共同体,形成个人知识管理相对稳定的平台,在平台上进行知识的集成,从而创造一个便利的知识获取、交流和创新的环境。学校的教师教学发展中心和教育技术中心要为教师提供线上、线下相结合的培训形式,建立起以 TPACK 为核心,促进知识管理能力提升的培训内容框架和平台系统,助力教师专业发展水平的不断提高。

(四)培养大数据意识,提高数据素养

教师的数据素养不是短期能形成的,而是一个渐进内化的过程,需要职前和在职的联动培养,同时教师数据素养的发展也是教师自主发展的过程,教师要通过数据说话,更好地认识自己,也要注意每个学生的学生行为和学习轨迹。在具体的教学实践中训练数据的收集、管理、统计、分析、挖掘技能,是提升教师数据素养的关键环节。自适应学习系统是教育数据采集、分析和提供个性化自适应服务的重要载体。学校的文化和学校组织要支持教师使用大数据库进行有效的教学改革,制订促进教师数据素养的发展策略。

四、结语

互联网大数据运用于高职教育的价值,在于高职院校教师能够借此帮助能力参差不齐的学生挖掘自己的潜能,而不是淘汰那些被定义为"不聪明"的学生。教育大数据蕴含的巨大潜力应当被用于推进个性化学习、改善教学方式,最终提高学生的知识水平和实践技能。人才的培养,是教育的根本使命。每个时代学生和教师都是教育领域的两大核心主体。大数据时代已经到来,高职院校的教师必须跟上时代步伐,不断提高专业发展水平,才不会被大数据"逼下课"。

【参考文献】

[1] 魏忠. 教育正悄悄发生一场革命[M]. 上海:华东师范大学出版社,2014.

[2] 周洪宇,易凌云. 大数据时代教师教育的变革[J]. 教育信息化研,2017(1):7-12.

[3] 胡水星. 教师 TPACK 专业发展研究:基于教育大数据的视角[J]. 教育研究,2016,37(5):110-116.

[4] 张进良,李保臻. 大数据背景下教师数据素养的内涵、价值与发展路径[J]. 电化教育研究,2015,36(7):14-19.

[5] 邱学青,李正. 基于知识管理视角的高校教师专业发展策略研究[J]. 高等工程教育研究,2013(6):81-85.

[6] 倪秀. 技术加教育如何 1+1>2[N/OL]. 中国教育报,2017-04-19[2021-11-27]. https://www.edu.cn/xxh/xy/jyjs/201704/t20170420_15086-39.shtml.

(本文刊载于《牡丹江教育学院学报》2017 年第 6 期)

"互联网＋"时代高职院校教师专业发展研究

摘　要：实施"互联网＋"教育战略的关键在教师。"互联网＋"时代对高职院校教师专业发展提出了新要求,教师不仅要具备掌握信息和传授信息的能力,还要能将信息技术与传统教学深度融合。但这同时也带来了教师专业发展同质化,教学、学习资源选择困难,疲于应付新技术等问题。"互联网＋"时代实现高职院校教师的专业发展,必需应用互联网思维更新教育观念,利用信息技术促进教学反思,推进教学过程与生产过程实时互动。

关键词："互联网＋";高职院校;教师专业发展

如今,我们正在进入信息时代,在国家"互联网＋"战略发展政策下,互联网技术手段正深刻影响着教育观念、教育技术、人才培养等方面的变革与创新。《国务院关于积极推进"互联网＋"行动的指导意见》(国发〔2015〕40号)中指出:鼓励学校通过与互联网企业合作等方式,对接线上线下教育资源,探索基础教育、职业教育等教育公共服务提供新方式。《教育部关于深化职业教育教学改革全面提高人才培养质量的若干意见》(教职成〔2015〕6号)中指出:要积极推动信息技术环境中教师角色、教育理念、教学观念、教学内容、教学方法以及教学评价等方面的变革,推进信息技术在教学中的广泛应用。当互联网与高职教育结合、新技术与高职教育相碰撞时,我们需要从新的视角审视高职院校教师专业发展,才能开启高等职业教育新的格局。

一、"互联网＋"时代高职院校教师专业发展内涵的延伸

"互联网＋"时代,信息无处不在,技术无处不在,丰富多样的信息构筑出一个时间和空间、真实和虚拟、线上和线下全面融合的信息泛化场域。高职院校教师专业发展的内涵随着信息时代的到来而不断延伸。

(一)掌握信息和传授信息的能力

"互联网＋"时代,信息资源不再稀缺,教师与学生都可以轻松便捷地获得大量的各类信息。技术的不断创新和实践应用,对于教师而言意味着更为广泛的开放,内容开放、资源开放等概念及数据和信息的透明性与易获取性的理念,正在成为一种新的价值观。教师在学生中的权威已很难通过他所掌握信息(知识)量的多少来树立,掌握信息和传授信息的技能已成为高职院校教师专业发展的重要内容。在"互联网＋"时代,高职院校教师不仅需要具备本专业的知识技能,还需要有较强的信息搜索技能、信息处理能力以及传授信息的能力。

(二)从信息技术的简单应用到深度融合

2005 年米什拉和科勒在舒尔曼的教学内容知识(PCK)的基础上,提出了整合技术的学科教学法知识(TPACK)。在这个框架下,可以从以下几个层次来看高职院校教师专业发展:学习信息技术(和学生们一起拥抱新技术),信息技术在传统教学中的应用;在教学中将信息技术融入课程,促进产教融合;利用信息技术促进教育变革。在当下这个智能设备触手可及、网站平台资源无处不在的时代,学生的学习方式也在悄然变化,他们正在体验更多的创造过程,正在让学习的过程作品化,也正在形成学习者也是生产者的观念。他们期待教师将信息技术和专业课程进行融合,这样能给他们提供更有价值的帮助。凯文凯利曾说:我们应该去倾听技术,研究它的工作方式,这说是当今最强大的力量之一。信息技术与专业课程教学的深度融合是未来高等职业教育发展的必然。

(三)"互联网＋"时代的社会服务

现代大学最重要的社会职能是人才培养、科学研究、社会服务。"互联网＋"时代背景下,高等教育进入后大众化时期,高等职业教育必须坚持为地方区域经济社会发展服务的办学方向,社会服务必然越来越成为高等职业院校的存在的方式。"互联网＋教育"条件下,高等职业教育服务社会的形式更加多样化。从教师发展的维度而言,社会服务不只是局限于横向课题、社会实践或者兼职指导等显性的内容。2015 年国务院颁布了《关于大力推进大众创业、万众创新若干政策措施的意见》,作为高职院校教师要对大学生创业进行指导、予以支持,也是大学服务社会的重要内容。互联网时代,对于高职院校教师个人而言,要充分挖掘个人潜力,以个人所拥有的信息渠道、便利的方式呈现教师的智慧,传播思想、专业知识和正能量,在有效利用信息技术完成自己的本职工作的同时将个体融入需求者解决问题的过程中,提出有效智慧支持和供给创新的服务,促进个人社会生活和职业生涯高度和谐统一。

二、高职院校教师专业发展的困境分析

在"互联网＋"时代,无处不在的信息与技术正在变革着教师专业发展与成长的方式和手段。随处可得的信息,使教师的教育教学突破传统时间和空间的限制。丰富多样的信息与技术为高职院校教师发展带来新的契机,但同时也带来困境,需要我们认真地加以梳理和分析。

(一)教师专业发展同质化

资源共享是互联网时代的一个重要特征,高职院校各个专业的教师都能在互联网上快捷地找到大量与自身专业相关教学资源。这些教学资源进入网络后被下载应用,极大地方便了教师的教学,但这些教学资源已脱离它产生的特定情景,其质的多样性会逐渐被消除。不同层次的教师反复利用和借鉴这些被同质化了的教学资源,会造成教师的同质化发展,使教师的独特个性慢慢消失。另一方面,随着信息技术的快速发展,教师可以通过各种智能终端随时随地选择自己喜欢的内容进行学习,学习的内容会不仅仅局限在所学专业,而是任何自己感兴趣的知识,大大增加了学习广度。但知识的学习在时间和内容上都具有碎片化的特点,难以形成专业化、系统化的知识体系。高职院校教师课堂教学任务比较重,时间和精力有限,关注学习广度,势必会影响专业知识深度探索和积累,难以实现教师内涵式发展,难以形成个人独特的专业特质。

(二)教学、学习资源选择困难

互联网时代媒介和信息呈现多元化的态势,同时也带来了主体选择的困境。互联网快速发展使得各种参差不齐的学习资源一哄而上,呈爆发式增长。互联网上资源非常丰富,需要教师不断地比较、选择,这导致教学、学习资源选择的困难。大家都会有一种体验,在琳琅满目的商品面前会很难

选出自己喜欢的商品，这是因为随着选择机会的增多，我们的期望值不断提高，获得符合自己心意的商品机会反而变少了。更何况互联网上种类繁多的教育教学资源，良莠不齐，甚至是错误的，因而导致教师在选择教育教学资源上浪费大量的时间，忘记选择教育资源的初衷。

（三）疲于应付新技术

社会发展这趟列车，随着信息技术的发展而快速前行。大家在享受列车带来快感的同时，作为个体的高职院校教师也必须以越来越快的速度追赶以求登上这趟列车。当下，信息技术发展日新月异，新的技术层出不穷，不同的软件制商（教育装备公司）不断地推出功能类似的教学软件，且在不同的会议上不停地推荐新平台、新技术、新设备，从而让教师刚学完一种技术，又因流行另一种新技术，陷入应付新技术的困境。很多时候高职院校教师对技术的应用和先进理念的实施只局限于信息化教学设计大赛、教学比赛中，甚至参加比赛的相关课件、动画等都是请专业公司来做。

三、高职院校教师专业发展的时代应对

在当前这个知识爆炸的时代，高职院校教师的专业发展离不开互联网的支持，若不能以互联思维以及大数据思维化解信息技术带来的危机，那么这些不能适应专业需求的教师将逐渐被互联网逼"下课"。

（一）用互联网思维更新教育观念

"互联网＋"加速了教育的自我进化。人人都是教育的生产者，又都是教育的消费者，这种新型的教育生态必然会更加适应社会的发展。在"互联网＋"时代，教师不再只是站在讲台前面的那个人，必须用互联网思维来更新教育观念以适应互联网时代的要求，以与时俱进的态度迎接互联网时代的教育变革，以开放的态度重新确立教师的角色和职责。"互联网＋"时代高职院校教师要和学生们一起拥抱新技术，借助互联网成为一个终身学习者；构建与学生彼此信赖的渠道，而不限于面对面；设计学习的过程，而非照本宣科地传递内容；让学生在真实和虚拟的体验中主动发问，教会学生多维度地探索问题，鼓励学生们多样化地创造和分享。

(二)利用信息技术促进教学反思

当前国际教师教育界公认反思是促进教师专业成长的基本策略。在信息技术条件下,教师教育开始走向信息化。信息技术在教育教学中的引入,既作为手段和方式促进教师的教学反思,同时也丰富了教师教学反思的内容。教师要借助信息技术促进教学反思能力的提高,从而促进其专业成长。相对传统纸笔式反思日记,基于"微博、微信、微课"的教学反思是开放的,在教师之间能够形成一个开放的沟通社区,促使教师将自己的反思活动与周围的群体交流结合起来。教师的教学反思更多地采用移动终端随时随地进行,教学反思将更多地融入生活中。此外,利用信息技术进行教学反思其优势在于方便管理、查询、保存和共享。

(三)推进教学过程与生产过程实时互动

高职院校教师专业发展必须和高等职业教育的目标结合起来,"产教融合、校企合作"是高职院校培养适应经济发展新常态的技术技能型人才的必由之路。满足学生发展需求是教师专业发展的方向,围绕学生需求是教师发展成功的基础。教师的专业发展不仅是教师个体的事,也要学校、社会、企业等各个层面的支持和配合。"互联网＋"时代,线上线下结合是普遍趋势,要通过多方合作,利用信息技术,推进课堂教学过程与企业生产过程实时互动,将企业生产过程实时传输到课堂,对生产过程进行分解剖析。企业技术人员也可以通过网络给学生上课,更重要的是,利用平台进行研讨和技术交流,进而促进教师的专业发展。

高职院校教师专业发展的内涵将随着社会的发展而不断丰富,在"互联网＋"时代,新技术对高职院校教师专业发展的影响不可忽视。高职院校教师要在发展中不断发现问题,用积极的心态去拥抱新技术,不断加强学习和教学反思,提高自身能力,在实现自我发展的同时,不断提高教学水平。

【参考文献】

[1] 赵建华,姚鹏阁.信息化环境下教师专业发展的现状与前景[J].中国电化教育,2016(4):96-105.

[2] 闫志明,徐福荫.TPACK:信息时代教师专业化的知识基础[J].现

代教育技术,2013(3):5-9.

[3] 李芒,李子运."互联网+"时代高校教师发展的新思路[J].中国电化教育,2016(10):11-17.

[4] 崔俊阁.互联网+教育背景下教师专业发展新探[J].中国成人教育,2016(11):136-139.

[5] 孙宽宁."互联网+"时代教师专业发展的危机与应对[J].教育研究,2016(6):16-17.

[6] 马香莲."互联网+"时代教师专业发展的重新解构[J].现代教育技术,2016(6):41-45.

(本文刊载于《南昌教育学院学报》2017 年第 1 期)

Chapter 5

第五章

"1+X"证书制度与教师专业发展

"1+X"证书制度是《国家职业教育改革实施方案》提出的一项重大制度设计,是党中央国务院对职业教育改革做出的重要部署,是落实立德树人根本任务,完善职业教育和培训体系,深化产教融合、校企合作的一项重要的制度设计创新,是关于复合型技术技能人才培养模式、评价模式、教育教学管理模式的全新制度试验。这一制度是指导未来职业教育活动的基础性制度,是确保职业教育对接科技发展趋势和市场需求的重要机制,也是深化产教融合、校企合作的制度保障。试点工作启动以来,关于"1+X"证书制度试点的制度建设不断健全,培训评价组织及其开发的职业技能等级证书不断丰富,社会力量参与职业教育的内生动力被激发出来,职业院校参与试点的积极性高涨。截至2020年底,已有超过4500所院校参与试点,参与试点的学生达到320多万人,通过书证融通,有效提升了学生职业技能,增强了职业教育的适应性。

"1＋X"证书制度背景下职业院校教师专业发展面临的挑战与应对

摘　要:"1＋X"证书制度是新时代职业教育改革的创新制度设计,在"1＋X"证书制度试点中,教师是关键,教师的专业发展面临巨大的挑战。为此,教师必须转理念,做学生发展的服务者;转角色,做学生职业技能的引导者;进企业,做专业的实践者;进团队,做团队的合作者;勤反思,不断提升专业水平,做"工匠之师",以适应"1＋X"证书制度的实施。

关键词:"1＋X"证书制度;职业院校;教师发展

一、从"双证书"到"1＋X"证书制度

职业教育推行"双证书"制度始于教育部 2006 年印发的《关于全面提高高等职业教育教学质量的若干意见》,十多年来,"双证书"制度在提升职业院校学生的职业素养,提高就业能力起到了很大的推动作用。随着国家进入高质量发展的新时期,高端制造业成为我国产业形态发展方向,深化产教融合校企合作成为高职院校人才培养的主要路径。"双证书"制度暴露出了管理体系的"责、权、利"不清,部分职业资格证书含金量不高,社会认可度低;职业资格证书与学历证书不能有效实现互转互认,学生不能自主选择,精准就业能力不足等问题。"1＋X"证书开发主体是职业教育评价组织,技能等级证书覆盖面广,体现市场机制和产业发展联系紧密。"1＋X"是两种证书的有机融合,强调能力本位,强调职业技能等级证书培训内容融入人才培养方案,实现学分互转互认。X 表示若干个证书,学生可自主选择,体现复合型人才培养方向,有利于学生获得高质量就业"入场券"。

"1＋X"证书制度不是"双证书"制度的升级版,而是新时期深化产教融合校企合作、提高职业院校人才培养质量、服务社会经济高质量发展的一项

体现职业教育作为类型教育的创新制度设计。教师是支撑新时代国家教育改革的关键力量,"1＋X"证书制度试点给教师发展带来了新的机遇和挑战,值得职业教育工作者认真研究和思考。

二、"1＋X"证书制度对职业院校教师专业发展的挑战

(一)类型教育带来的发展理念挑战

2019年2月,《国家职业教育改革实施方案》明确了职业教育是不同于普通教育的一种教育类型。类型的转变意味着范式的变化,是一种制度创新。任何一种教育类型都有与其教育功能相适应的内在结构和活动特征。"1＋X"证书制度就是职业教育作为教育类型和人才培养质量提升的一项创新制度设计,制度设计的初衷是为拉近职业教育、培训企业工作岗位之间的距离,从而推进国家复合人才的培养。教育改革关键在教师,一支高素质专业化教师队伍是职业教育作为类型教育的内在要求。"跨界"是职业教育的重要特征,随着"1＋X"证书制度试点推进,职业教育形成跨界合作的办学格局,这种格局将打破以前我国职业教育办学的封闭性特征导致职业院校教师的专业化发展路径不畅的瓶颈。

(二)书证融通带来的挑战

"1＋X"是两种证书的有机融合,学历证书和职业技能等级证书不是两个并行的证书体系,而是两种证书的相互衔接和相互融通。书证融通是"1＋X"证书制度的精髓。书证融通给职业院校教师专业发展带来的挑战,首先是要对接职业教育评价组织开发的职业技能证书等级标准的要求,培育一批职业技能等级证书的培训教师,职业院校必须将把掌握职业技能证书等级标准列为"双师型"教师的基本要求。其次是职业技术等级证书培训内容如何有机融入专业人才培养方案。当前的职业教育学制一般是2.5年＋0.5年,在学习时间有限又不增加学习负担的情况下,学生要拿到1个或者几个职业技能等级证书,拓展就业创业能力。X证书的职业技能培训不可能在专业教学之外,另设一套课程和培养体系,必须融入人才培养方案,将证书的考核标准转化为课程建设的依据,优化课程设置。最后是教学能

力的挑战,教师要提升教学能力来适应教学内容、教学组织形式、教学过程、教学和实践场所的变化。

(三)育训融合带来的挑战

学历教育与职业培训相结合,促进书证融通,是"1＋X"证书制度试点的基本原则。职业教育与职业培训虽都是现代职业教育体系的重要组成部分,但是它们存在很大的区别。从学习迁移理论来看,迁移可分为自迁移、近迁移和远迁移三个水平。培训主要关注的是自迁移,即个体所学的经验影响着相同情景中的任务操作。因此,培训的教学过程多以企业真实生产过程为主线,通过培训学生能够在短时间内完成结构化、单一情境中的工作任务,及时补充企业中最新职业要求。教育在注重自迁移的同时更加强调近迁移和远迁移,即要把所学的经验迁移到与原初学习情景相似的情境中、迁移到与原初学习情景极不相似的情境中。需要归纳企业真实工作过程,构建结构化、序列化的学习情境,系统地学习专业理论知识和基本技能,通过拓展专业范围的学习获得更为广泛的就业适应能力,保证学生的可持续发展能力。

X证书的培训对象不仅是本校学生,也要积极为社会成员提供培训服务,这也是职业院校服务区域经济发展的重要组成部分。职业院校必须结合职业技能等级证书培训要求和相关专业建设,改善实训条件,盘活教学资源,提高培训能力,积极开展高质量培训。

(四)多方评价带来的挑战

"1＋X"证书制度突出的特点是办学主体的多元化,政府、行业企业、职业学校和社会组织深度协同参与现代职业教育。教育部印发的《"学历证书＋若干职业技能等级证书"制度试点方案》指出:培训评价组织是职业技能等级证书及标准的建设主体,对证书质量、声誉负总责。政府部门应做好"1＋X"证书制度的顶层设计和基础设施建设。行业企业是职业技能等级证书的认可机构。职业院校是技能等级证书主要的培训机构和鉴定机构,同时也可以成为发证参与机构。"1＋X"证书制度的多元化主体特征,带来了评价的多元化。对职业院校教师来说,教育教学水平将受到职业院校、行业企业、培训评价组织的多方评价。

三、职业院校教师专业发展的应对

"1＋X"证书制度试点全面影响着教师的专业水平和专业发展。不能适应新时代职业教育需求的教师将逐渐被时代和专业所抛弃。职业院校教师要提升专业水平、获得专业发展,需要在充分考虑职业教育新时代特点基础上进行系统架构。

(一)转理念,做学生发展的服务者

职业教育作为一种教育类型的定位,将破解国家极为重视职业教育、企业不愿参与职业教育、学生不乐意接受职业教育的困境。学生将有上升的通道,不再是"断头教育""二级教育"。习近平总书记在考察张掖市山丹培黎学校时强调,我国经济要靠实体经济做支撑,这就需要大量专业技术人才,需要大批大国工匠,职业教育大有可为。职业院校的教师也将大有可为,需要教师转变发展理念,树立专业发展的自信,树立服务的理念、以人为本的理念。教师要以学生为中心,服务区域经济发展,服务学生职业发展,实现高质量更充分就业,着力培养高素质技术技能人才,为学生搭建一条适应技术技能人才成长的通道。职业院校教师要主动适应职业教育办学体制育人机制改革,强化合作意识,加强与企业、企业师傅合作。

(二)转角色,做学生职业技能的引导者

职业教育学生培养的目标是"培养技术技能型人才,打造学生一技之长","1＋X"证书制度精准指向这一目标,可以有效解决"教学脱离实际、专业脱离职业、学生脱离岗位"等难题。满足经济发展的需求、满足学生发展需求是教师专业发展的方向,"1＋X"证书制度试点指引了一条职业院校教师发展正确之路,教师要更新原有的知识和技能,改变传统角色定位,成为学生职业技能的引导者、职业素养的示范者。2017 年教师节前夕,李克强总理到天津职业技术师范大学视察时对学生们说:"你们毕业后既是老师,又是师傅。希望你们既像老师一样传授职业之技,又像师傅一样传承工匠之道,培育铸就大批中国制造的合格人才。"这番话也是李克强总理对广大在岗职业院校教师的期望。

教学是以知识、技能、道德伦理规范为媒介的,师与生相互作用的双边活动。职业院校教师只有掌握更高更新的技术技能,要让自己成为 X 证书的拥有者,才能胜任 X 证书的培训教学工作。教师要不断地参加学习,要不断认识与解读职业领域对能力的需求,实现学生培养与岗位所需能力的动态适应。另外,教师还应是学生职业素养的示范者,要做一个具有良好职业素养的教师。在教学过程中,教师的一言一行要体现对职业岗位热爱,表现出对工作的认真负责,精益求精,通过言传身教促使学生在思想中接受职业素养的要求并内化于心。

(三)进企业,做专业的实践者

职业教育的培养目标决定了职业教育是与生产劳动和社会实践结合最紧密的教育类型。人民教育家陶行知指出:"职业教师既要有产业界技术技能杰出人物之经验,又要有普通教育之学术,再拥有实用技术之教法。"职业院校教师必须有很强的专业实践能力和实践教学能力,是"1＋X"证书制度试点的要求。各高职院校要切实推进职业院校教师定期到企业实践,深度融入区域产业发展,产教融合型企业的认定,有利于职业院校教师进入企业核心工作岗位实践,有利于职业院校教师通过挂职、担任技术顾问、与企业师傅结对等多种形式,合作开展企业技术研究和推广工作,提升专业实践能力。职业院校要结合实际完善教师定期到企业实践制度,为教师在企业工作期间提高服务与保障,真正实现教师"参与企业实际生产"和"技术研发"等深层次合作,确保校企"真融"和"真合"。

(四)进团队,做团队的合作者

任何一项教育改革实施,必须有一支优秀的教师教学创新团队来保障。高水平、结构化教师教学创新团队是以立德树人为共同的远景目标,在先进教育理念指导下,由知识与技能互补的学校专任教师和来自行业企业能工巧匠组成,能运用创新性的思维探索分工协作的模块化教学模式改革、教材与教法改革,推动课堂革命的团队。作为一个团队完成人才培养目标的方式必须是分工协作。不是每一位教师都同时具有很强的理论教学和实践教学能力,组建团队可以解决专业教师的个体教学能力不足的问题。教师的发展必须融入团队,加强合作,相互学习,做团队的合作者,促进自身专业发展。

(五)勤反思,做"工匠之师"

反思是促进教师专业成长的有效途径。美国心理学家波斯纳(P. J. Posner)提出"教师成长＝经验＋反思"的著名公式。舍恩在杜威反省思维理论的基础上,把"反思"与"行动"结合起来,提出"反思性实践"这个理念,强调反思是专业工作者基于实践中问题的发现及其解决。"1＋X"制度证书试点要求将证书培训的内容有机结融入专业人才培养方案,将新技术、新工艺、新规范纳入教学标准和教学内容。教育的改革需要教师的实践与反思才能取得成功。

职业院校教师要通过自身视角、学生视角、同事视角来进反思。自身视角的反思要通过教师自己撰写的"教师日志""教后感""教育叙事"等方法来进行,审视自己的教育实践,了解自己开展教学实践的观念是否真正落实人才培养方案。教师应专注于自己的日常教育实践,并从跨界交流中捕捉反馈信息,不断修正方向和充实内涵,通过反思性实践不断完善人才培养方案,深化教师、教材、教法"三教"改革,不断提高教学能力,争做"工匠之师"。

四、结语

新时代职业教育改革的大幕已在开启。《国家职业教育改革实施方案》提出要多举措打造"双师型"教师,并从教师来源、素质提升、教育培训、团队建设、企业实践等方面作顶层设计。职业院校教师要充分认识"1＋X"证书制度带来的机遇和挑战,转理念、转角色、进企业、进团队、勤反思,不断提升教学能力、专业水平,获得专业发展,为社会发展培养一批又一批高素质技术技能人才。

【参考文献】

[1] 杜怡萍,李海东,詹斌.从"课证共生共长"谈"1＋X"证书制度设计 [J].中国职业技术教育,2019(4):9-14.

[2] 张伟,李玲俐.职业院校"1＋X"证书制度实施策略研究[J].职业技术教育,2019,40(20):16-19.

［3］唐以志."1＋X"证书制度：新时代职业教育制度设计的创新［J］.中国职业技术教育,2019(16)：5-12.

［4］教师节前夕李克强总理鼓励"工匠之师"［EB/OL］.(2017-09-10)［2021-11-23］.http：//www.gov.cn/xinwen/2017-09/09/content_5223994.htm.

［5］胡晓风,金成林,张行可,等.陶行知教育文集［M］.成都：四川教育出版社,2011：31.

［6］崔涛,黄礼娥.基于产教融合的高职院校"双师型"教师队伍建设［J］.河北职业教育,2019,3(2)：104-108.

（本文刊载于《河北职业教育》2020年第4期）

"1＋X"证书制度背景下高职院校教师
发展路径新思考

摘　要："1＋X"证书制度是当前国家在职业教育领域开展的一项重大改革,任何教育改革的关键在教师。在分析类型教育、书证融通、育训结合、多元评价给教师发展带来新要求的基础上,就"1＋X"证书制度背景下高职院校教师发展路径提出新思考:树立高职院校教师发展新理念;建立多方参与培训的新机制;重塑高职院校教师新角色;建设结构化教师教学创新团队。

关键词："1＋X"证书制度;高职院校;教师发展

　　"1＋X"证书制度是当前国家在职业教育领域开展的一项重要的改革,教师是新时代职业教育改革、推动教育公平发展和质量提升的主体力量。2019年全国教育事业发展统计公报显示,高职院校生师比高达19.24∶1,这一数据明显高于过去的四年,主要原因是2019年高职扩招100万人,侧面表现出高职院校对教师量的需求。2020年政府工作报告中明确指出今明两年高职扩招两百万,这表明对教师数量的需求将进一步扩大。各高职院校必须积极推进校企深度合作共育,培育一支理论水平高,技术技能水平高的"双师型"教师队伍。"1＋X"证书制度背景下高职院校在人才培养目标、人才培养模式、教育教学模式、人才评价方式、教材使用等都将发生重大变化。研究"1＋X"证书制度给高职院校教师带来的新要求、新挑战,探索教师专业发展的新路径,有助于高质量地推动"1＋X"证书试点工作,提高技术技能人才培养质量。

一、"1＋X"证书制度的内涵与推进

(一)"1＋X"证书制度是什么

"1＋X"证书制度是《国家职业教育改革实施方案》(以下简称《方案》)提出的一项职业教育领域深化产教融合、校企合作的创新制度设计,是职业教育作为类型教育的助推器,是推动新时期职业教育改革的重点。"1＋X"证书这里用了数学中的运算符号"＋","1"是学生毕业时要取得毕业证书(学历证书),"X"是个未知数,表示若干个不同职业技能等级证书,"＋"的理解应是在完成学历教育内容的基础上,延伸对职业技能的学习,体现复合型人才的培养。X证书不同于原来的职业资格证书,它的建设主体是培训评价组织,实施主体是职业院校,以高质量就业为目标。X证书作为一种新型证书,打破我国职业教育领域学历教育和非学历教育二元结构教育体系,它的"新"还体现在"X"要对"1"进行强化和拓展,承载着推动"三教"改革、国家资历框架建设的基础性工作。"1＋X"证书制度的实施为深化改革职业院校治理体系,实现高质量发展提供强有力的支持。

(二)"1＋X"证书制度的推进

2019年4月,"1＋X"证书制度试点工作正式启动,同时公布了首批参与"1＋X"证书制度试点工作的5家职业教育培训评价组织及其开发的职业技能等级证书和标准,8月公布了第二批10家组织。6月,首批"1＋X"证书制度试点院校名单公布,确定了建筑信息模型(BIM)等5个领域的6个职业技能等级证书共1988个试点院校。11月,为积极稳妥推进"1＋X"证书制度试点工作,教育部办公厅等下发了《关于推进"1＋X"证书制度试点工作的指导意见》。同月,首批建筑信息模型(BIM)国家职业技能等级证书在河北廊坊发放。2020年1月,职业技能等级证书信息管理服务平台和职业教育国家学分银行信息平台上线试运行。2020年6月,国家职业教育指导咨询委员会发布了《职业教育培训评价组织遴选与监督管理办法(试行)》,明确了职业培训组织遴选与监督管理的工作制度。同月,华为推出了

《网络系统建设与运维》《智能计算平台应用开发》等 6 本"1＋X"证书配套教材。"1＋X"证书制度试点工作正有条不紊、快速有效地推进。

二、"1＋X"证书制度对高职院校教师发展的新要求

(一)类型教育带来发展理念的新要求

《方案》开篇宗义:"职业教育与普通教育是两种不同的教育类型,具有同等重要的地位。"高等性、职业性是高等职业教育的两个基本属性,"职业性"是区别普通高等教育的主要方面。职业教育作为类型教育要得到社会认可,就要在"职业性"方面下功夫,办出职业教育的特色,提高人才培养质量,为我国经济高质量发展提供大量高素质技术技能人才。随着"1＋X"证书制度试点推进,职业教育将进一步深化产教融合,高职院校教师发展须对接"1＋X"证书制度和职业教育改革的需求,以新的教育理念来应对"1＋X"证书制度带来的人才培养模式、评价模式的改革。

(二)书证融通带来的新要求

"1＋X"是一个整体,是两种证书的有机融合,书证融通是"1＋X"证书制度的精髓。书证融通对职业院校教师专业发展提出了新要求。首先是将掌握职业技能证书等级标准列为"双师型"教师的基本要求。教师要理解和掌握职业技能证书等级标准的要求,通过学习、实践、考试取得与自身专业相关的高等级职业技能证书,这样才能更好地开展职业技能等级证书的培训工作。其次是正确把握好学历证书与 X 证书的关系,做到专业人才培养方案与职业技能等级证书培训内容的有机融合。高职院校当前的学制为三年,从公布的中级证书标准来看,完成职业能力目标培养需要 100—160 课时,X 证书的职业技能培训不可能在专业教学之外另设一套课程和培养体系,必须融入人才培养方案,将证书的考核标准转化为课程建设的依据,优化课程设置。

(三)育训结合带来的新要求

从 19 世纪到 20 世纪,人类在创造财富和繁荣方面取得了巨大进步,这在很大程度上要归功于教育与培训的普及。在经济高质量发展时代,学习

者努力通过教育培训提升自己必备的技能,可以实现自我价值的提高。实施高质量职业培训是"1＋X"证书制度试点的重要内容之一,学历教育与职业培训并举是职业教育的法定职责,取得 X 证书符合用人单位和学习者的双方利益。从当前招聘来看,学历只是衡量能力的一把尺子,招聘的重心已逐步向应聘者的业绩记录转移。

教育与培养相结合的价值取向在于服务于学生实践性职业素质的养成,构建企业真实工作过程,构建结构化、序列化的学习情境,保证学生的可持续发展能力。职业技能等级证书的取得是对学生职业技能的评价,能完成证书所对应的岗位工作任务,可纳入职业教育"学分银行"。服务区域经济发展是高等职业院校的重要原则,X 证书的培训不仅要面向本校学生,也要为其他职业院校、社会成员提供培训服务。随着高职扩招政策的持续,更多的农民、下岗工人、退役军人等可通过学习取得职业技能等级证书。对高职院校教师的挑战在于要面对不同的教育对象,提高培训能力,提高培训质量。

(四)多方评价带来的新要求

教育部在"1＋X"证书试点方案中指出:培训评价组织是职业技能等级证书及标准的建设主体,主要职责包括标准开发、教材和学习资源开发、考核站点建设、考核颁证等,并协助试点院校实施证书培训。"1＋X"证书的实施以职业教育培训评价组织为主,同时要求政府、行业企业、职业学校和社会组织深度协同参与,突出的特点是办学主体的多元化。政府部门应做好"1＋X"证书制度的顶层设计和基础设施建设,行业企业是 X 证书的认可机构,职业院校是 X 证书的主要的培训机构和鉴定机构,同时也可以成为发证参与机构。"1＋X"证书制度的多元化主体特征,带来了人才培养质量评价的多元化。对高职院校教师来说,教育教学能力、培训水平将受到参与"1＋X"证书试点多元主体的评价。

三、高职院校教师发展路径新思考

"1＋X"证书制度改革为高职院校教师发展带来的新要求将全面地影响教师的专业生活和专业发展,也为教师发展带来一种可借鉴的新路径。

"1＋X"证书制度背景下高职院校教师发展路径需要充分考虑在职业教育新时代特点基础上进行系统构建。

(一)树立高职院校教师发展新理念

理念是行动的先导,发展实践都是由一定的发展理念来引领的。《方案》在总要求中提出要"牢固树立新发展理念",这不仅针对职业教育,同时也是对职业院校教师的要求。新时期高职院校教师专业发展需要树立新发展理念,以适应作为类型教育重要创新制度设计的"1＋X"证书制度的实施。

首先,要树立类型教育的理念。作为类型教育的职业教育具有独立的知识体系,这体现在技术知识内容的独立性、形成过程的复杂性和来源途径的多元性。产教融合是高职院校人才培养的主要方式,"1＋X"证书制度的书证融通充分体现了深化产教融合的要求,高职院校教师发展要主动适应产教融合的人才培养模式的改革。其次,要树立服务理念。服务建设现代化经济体系和实现更高质量更充分就业需要。围绕服务国家需要,市场需求提升学生就业力是"1＋X"证书制度实施的目标。最后,要树立立德树人、促进学生发展的理念。为国家经济发展培养高素质技术技能人才是高职教育价值取向,高职院校要成为培养"大国工匠"的主阵地。当前是职业教育发展的最好时代,高职院校教师要树立专业发展自信。"职业教育前途广阔、大有可为。"

(二)建立多方参与培训的新机制

跨界、整合和重构是职业教育作为类型教育的三大特征,"1＋X"证书制度充分体现这三大特征。《深化新时代职业教育"双师型"教师队伍建设改革实施方案》中提出要聚焦"1＋X"证书制度开展教师全员培训。教师的发展是渐进性、持续性提升的过程,覆盖职前培养、在职培训、实践锻炼的全阶段,不可能短时间内完成。要建立政府、行业企业、培训评价组织、学校多方参与的培养长效机制。

政府要将"1＋X"证书有关师资培训纳入职业院校教师素质提升计划项目,发挥各省市职业教育研究中心、高职院校师资研究会、教师发展联盟的作用,分层分类开展培训工作,支持产教融合型企业建设"双师型"教师培养培训基地。培训评价组织利用自身优势组建来自行业企业、研究机构、职业院校的培训专家团队，为"1＋X"试点学校定期开展师资培训和交流，提高教师实施教学、培训和考核评价能力。高职院校要组织教师深入学习《深化新时代职业教育"双师型"教师队伍建设改革实施方案》的精神，聘请专家开展学术讲座，让教师理解"1＋X"的内涵和意义，落实"1＋X"证书全员培训，引导教师从传统的"教书""教技"向"教证"转变，树立"书""技""证"有机融合的一体化教学理念，服务学生"1＋X"的学习。

（三）重塑高职院校教师新角色

"角色"的概念来源于戏剧，它指人在特定的社会环境中相应的社会身份和社会地位，并按照一定的社会期望，来履行相应社会职责的行为。教育改革关键在教师，"1＋X"证书制度试点中高职院校的教师要重新认识自己在教学中所起的作用和扮演的角色，改变传统角色定位，要成为X证书的拥有者、专业的实践者、工匠精神的传递者。

首先，教师要成为X证书的拥有者。教育的经验来自实践，为了在X证书教育培训中更有发言权，教师要优先结合自身的专业特长，选择至少一个X证书的种类，以学习者的身份取得高等级证书。只有这样才能更好地架起行业、企业与X证书学习者之间的桥梁；才能更好地分析证书的知识要点和技术技能标准，融入课程和实训教学；才能更好地改革教学方式方法，探索书证融通的人才培养机制；才能成为学生职业技能的引导者。

其次，教师要进企业，做专业的实践者。高职院校教师下企业既是"双师型"教师培养的必经之路，也是"1＋X"制度实施的时代呼唤。X证书与职业岗位具有应然的逻辑关系，也是从职选岗的必备条件。要实现从"应然"向"实然"的跨越，学校教学管理部门要制订教师下企业的相关政策、工作内容和考核机制，引导教师有针对性地进行企业实践。教师在企业实践中要调查了解X证书与岗位的相关性，通过实践获取证书的应用技术技能，提升教师专业能力，才能向学生传授可操作的"实践性"知识与技能，解决学生在理论与实践中无法学到的"内隐性"知识与技能。

最后，高职院校教师要成为工匠精神的传递者。党的十九大报告中提出"建设知识型、技能型、创新型劳动者大军,弘扬劳模精神和工匠精神,营造劳动光荣的社会风尚和精益求精的敬业风气"。高职院校必将成为培养"大国工匠"的主阵地,"1＋X"证书制度试点人才培养过程中离不开工匠精神的指引,工匠精神是"1＋X"制度证书人才培养的价值追求。教师要按对照"四有"好老师的标准,在教学中爱岗敬业精神、实践中精益求精,潜移默化地培育受教育者的工匠精神。

(四)建设结构化教师教学创新团队

"探索组建高水平、结构化教师教学创新团队,教师分工协作进行模块化教学"是《方案》提出的"双师型"教师队伍建设的重要举措。2019 年 12月公布的 56 所高水平建设学校有 44 所(占 78.6％)将建设国家级教师教学创新团队列为标志性成果。高职院校高水平结构化教师教学创新团队,并非指每一位教师同时具有很强的理论教学和实践教学能力,要完成人才培养目标的方式必须是分工协作。合理的团队结构能促进人的优势互补,促进跨学科教学和研究的扩散,通过同伴参与加强教师发展的努力。"1＋X"证书制度是一项系统工程,涉及人才培养模式、教学内容、评价模式等多方面的改革。X 证书既体现了职业岗位群的时代要求,也是产业新技术的集成,必须有一支结构合理、深刻理解"1＋X"证书制度内涵和意义的教师教学创新团队,才能保障 X 证书制度的有效实施。

四、结语

人民教育家陶行知提出了作为理想的职业教育教师的三条标准,即生利的经验、生利的学识、生利的教授法。这三条标准不仅在当时是非常合理的,在今天也同样适用。当前职业教育迎来发展的最好时期,职业教育大有可为。教师是教育改革的母机,在职业教育改革中高职院校的教师也大有可为。"1＋X"证书制度是深化产教融合的一种新的教育生态,高职院校教师要加强学习与实践,在教学实践中勤反思,在反思中不断提升教师的能力水平,促进教师专业成长,成为促进学生高质量发展的"工匠之师"。

【参考文献】

[1] 晋浩天."职教 20 条"释放了什么信号[N].光明日报,2019-02-20(8).

[2] 李国成,寿伟义."1＋X"证书制度背景下职业院校教师专业发展面临的挑战与应对[J].河北职业教育,2020,4(1):106-108.

[3] 唐以志."1＋X"证书制度:新时代职业教育制度设计的创新[J].中国职业技术教育,2019(16):5-12.

[4] 教育部等四部门印发《关于在院校实施"学历证书＋若干职业技能等级证书"制度试点方案》的通知[J].教育科学论坛,2019(18):3-6.

[5] 王兴,王丹霞."1＋X"证书制度的若干关键问题研究[J].职业技术教育,2019,40(12):7-12.

[6] 邢晖.创新铸造新时代职教"'双师型'工匠之师":学习《国家职业教育改革实施方案》体会[J].中国职业技术教育,2019(7):98-102.

[7] 杨军宪.关于提升高职教育管理者素质的路径[J].职教论坛,2011(23):63-64,67.

[8] 李国成,向燕玲.现代学徒制背景下的企业师傅队伍建设[J].河北职业教育,2020,4(2):105-108.

（本文刊载于《新疆职业教育研究》2020 年第 3 期）

第六章

教师教学创新团队建设研究

教育部印发的《全国职业院校教师教学创新团队建设方案》中明确指出,2019—2021年,打造360个满足职业教育教学和培训实际需要的高水平、结构化的国家级团队。2019年8月,教育部确定首批国家级职业教育教师教学创新团队立项建设单位120个,国家级职业教育教师教学创新团队培育建设单位2个。2021年8月,教育部确定第二批国家级职业教育教师教学创新团队立项建设单位240个,培育建设单位2个(其中高职院校立项建设单位共189个,培育建设单位共2个)。第一、二批高职院校共获立项建设309个国家级职业教育教师教学创新团队,培育建设共4个。

国家级教师教学创新团队建设的目标是示范引领高素质双师型教师队伍建设,深化职业院校教师、教材、教法"三教"改革。通过高水平学校领衔、高层次团队示范,教师按照国家职业标准和教学标准开展教学、培训和评价的能力全面提升,教师分工协作进行模块化教学的模式全面实施,辐射带动全国职业院校加强高素质双师型教师队伍建设,为全面提高复合型技术技能人才培养质量提供强有力的师资支撑。

团队理论概述

摘　要：团队建设与管理是人力资源管理的主要内容，目前无论在企业、政府，还是高校都受到人们的广泛重视。随着高等职业教育进入增值赋能、提质培优的高质量发展阶段，教师教学创新团队建设已成为高质量人才培养的基本策略。通过对团队相关理论进行的分析，为高等职业学校高水平、结构化教师教学创新团队建设与管理提供理论支撑。

关键词：团队概念；团队建设；创新团队

一、团队的概念

团队的概念来源于西方现代企业，通常指工作团队。研究热潮起始于20世纪90年代，团队建设成为20世纪90年代西方企业在竞争中求胜的法宝，要想完成复杂的工作和任务，最得之有效的办法就是团队合作。"团队"这个概念由罗宾斯（Bobbins）首次提出，他认为团队是"相互协作的个体为实现某个目标所组成的正式群体"。之后同时众多学者从不同的角度提出了团队概念，英国学者乔恩·R. 卡曾巴赫和史密斯（Jon R. Katzenbach，Smith，1993）把团队定义为：一个团队是由少数具有"技能互补"的人所组成，他们认同于一个共同目标和一个能使他们彼此担负责任的程序。目前对它的定义多种多样，一般情况下可以把团队定义为：由若干组织成员建立的，具有共同愿景，为了实现组织的目标，成员之间相互协同、共同努力、相互合作，为组织愿意贡献自己的能力的共同体。

通过上述学术界比较认可的团队概念分析，我们可以发现团队一般有以下关键性特征。

（1）目标明确。团队有共同的奋斗目标，这个共同的目标把大家组织在一起，这个目标是大家统一认可并为之努力的，并且明确如何共同工作才能实现目标。

（2）相互协作。为了实现共同的目标，各个个体组成团队，因为依靠个体努力无法达到他们的目标。在团队中每位成员必须有明确的角色定位和分工，团队成员应清楚了解自己的定位与责任。

（3）技能互补。团队成员具备实现目标所必需的技术和能力，并且一定程度上成员的能力可以优势互补，每个成员可以在团队中体现个人价值，并能够有良好的合作，比如信息共享、资源共用等。

（4）有效沟通。团队成员间拥有畅通的信息交流，包括各种语言和非语言交流，使成员的情感得到交流，协调成员的行为，让团队形成凝聚力和战斗力。

（5）环境支持。团队不是一个孤岛，它们在一定的组织或社会体制内运作。团队建设与发展需要有良好的内外部环境支持，并接受外部的监督与管理。

（6）优秀领导。优秀的领导者能够让团队跟随自己共同度过最艰难的时期，因为他能为团队指明前途所在，他们向成员阐明变革的可能性，鼓舞团队成员的自信心，帮助成员更充分地了解自己的潜力。高效团队的领导者往往担任的是教练和后盾的角色，他们为团队提供指导和支持，但并不试图去控制它。

二、团队的构成要素

按照组织行为学的定义，团队与群体是完全不同的两个概念，通过管理学者的总结，构成一个团队的基本要素可以概括为以下 5 点。

（1）团队目标。目标把团队成员结合在一起，一旦目标被团队成员接受，这些目标指导团队成员共同采取行动，为团队成员指明行动的方向。目标是团队存在的价值。

（2）团队成员。团队是一个群体，包括两个或两个以上成员，他们有共同的目标，有相互合作的愿望。一个团队中需要有人策划，有人计划，有人协调，还要有人去监督团队的工作进展，评价团队绩效。不同的人通过分工来协作完成团队目标，在成员的选择上要考虑人员的经验、人员的技能互补,这是团队构成要素中最核心的力量。

（3）团队定位。团队定位是指团队在组织中承担何种职责,处于何种地位。团队在组建时必须明确团队在组织中的定位,在组织中所承担的职能,处理好团队与组织之间的权利与责任的关系,协调好组织中各个团队之间、团队与个人之间的权利与责任关系。根据团队所承担的职能,还需要明确团队中各个成员在团队中的角色。

（4）团队职权。也就是明确团队在组织中具有的权限大小,其包括资源的分配权、组织的管理权、成员的处置权等。其中,团队领导人的权力大小与团队发展阶段有关,一般情况下,团队发展越成熟,领导者所拥有的权力相应越小。在团队发展初期,由于各项团队事务的培育和建设,领导者权力相对比较集中。团队权限取决于两个方面:①整个团队在组织中拥有什么样的决定权,比方说财务决定权、人事决定权、信息决定权;②组织的基本特征,比方说组织的规模多大,团队的数量是否足够多,组织对于团队的授权有多大,它的业务是什么类型。团队权限还决定了团队的定位以及团队的规模。

（5）团队计划。为了按照组织目标完成团队使命,保证各项工作有计划完成,指导成员在什么时间内做什么及如何做,计划包含两个层面的含义:①团队目标最终的实现需要的一系列具体的行动方案,即达到目标的具体工作过程和所需要的条件和保障措施;②提前按计划进行可以保证团队工作的顺利进行,只有在计划的指引下团队才会一步一步接近目标,最终实现团队共同的目标。

三、团队的类型

团队和群体有着根本性的区别,群体可以向团队过渡。管理学家斯蒂芬·P.罗宾斯根据团队存在的目的和拥有自主权的大小将团队分为三种类型:问题解决型团队、自我管理型团队、多功能型团队。随着信息技术飞速发展,基于信息通信技术的虚拟型团队,伴随着《第五项修炼:学习型组织的艺术与实务》一书的问世而兴起的学习型团队已成为另外两种新的团队类型。

（1）问题解决型团队。这是团队出现早期的最基本团队类型。问题解决型团队的核心目标是提高生产质量、提升生产效率、改善企业工作环境等。通常由同一个部门若干名成员组成，团队成员不定期碰头，就如何改变工作程序和工作方法相互交流，提出一些建议。但成员几乎没有什么实际权利来根据建议采取行动，也没有对自己形成的意见或建设单方面采取行动的决策权，对于调动团队成员参与决策过程的积极性方面不够，很难形成此方面的团队精神。

（2）自我管理型团队。自我管理型团队是一种比较新型的管理模式，弥补了问题解决型团队在团队成员参与决策方面的权力缺乏。自我管理型团队要有明确的目标，清晰且能够被认同的愿景。团队成员对自己的工作成果、业绩负责，自我领导、自我管理、自我决策，共同达到团队的目标。需要对员工充分授权，提供基本的物质支持，员工也需要具有能力，善于团队合作。此外，自我管理型团队还需要有严格的管理制度来规范团队的行为。

（3）多功能型团队。多功能型团队也叫跨职能团队，是团队形式的进一步发展，也是当前运用最广的团队形式。指为了完成某个目标，来自同一个层级，但是不同职能部门的员工组成的团队，它能够让组织内不同领域的员工之间交换信息，激发新观点的形成，协调复杂的项目。但这种团队类型在组建期一般需消耗大量的人力、物力和时间，确保团队成员目标一致、处理复杂的工作任务、成员之间建立起相互信任关系。

（4）虚拟型团队。虚拟团队很大程度上依赖于信息技术的发展和普遍应用，是一种新型的团队类型。团队的成员分散在不同的时间、空间，来自不同的组织，甚至没有见过面，他们通过现代电子信息技术进行联结，以共同的任务为中心。虚拟团队能够充分调动各地的人才、资源，不再受空间的限制，与其他形式的团队相比拥有人才多、信息快、效率高、成本低等优势。

（5）学习型团队。这一团队类型是伴随着彼得·圣吉博士《第五项修炼：学习型组织的艺术与实务》一书而出现的。五项修炼是指：系统思考、自我超越、心智模式、共同愿景、团体学习。通过五项修炼，培养团队的学习气氛，进而形成一种符合人性的、有机的、扁平化的团队——学习型团队。学习型团队是一个为完成共同目标，共享信息和其他资源，并按一定的规则和程序通过充分的沟通和协商开展工作的群体。知识管理是建设学习型团队的最重要的手段之一。在学习型团队中,每个人都要参与学习和解决问题,使团队不断地尝试,改善和提高它的能力。学习型团队的基本价值在于解决问题及提高成员本身的素质,与之相对的传统型团队的着眼点是效率。学习型团队具有强目的性,鼓励成员参与和提高绩效高度相关的学习活动;强认同性,鼓励和认同学习,认为学习是每个人的权力,是组织成功的必要条件;具有强引导性,建立一种鼓励学习和学习成果转化的文化和机制。

四、团队建设理论

(一)布鲁斯·塔克曼的团队发展阶段理论

布鲁斯·塔克曼(Bruce Tuckman)的团队发展阶段模型可以被用来辨识团队构建与发展的关键性因素,并对团队的历史发展给予解释。团队发展的五个阶段:组建期、激荡期、规范期、执行期和休整期。(休整期是在1977年后加入的)根据理论,这五个阶段都是必需的、不可逾越的,团队在成长、迎接挑战、处理问题、发现方案、规划、处置结果等一系列过程中必然要经历上述五个阶段。

1. 组建期

即项目小组启蒙阶段。这一阶段需明确新成立的团队类型、功能、工作目标与工作范围,建立起团队成员的相互关系、团队成员与团队领导之间的关系,以及各项团队标准等。此时的团队成员行为具有相当大的独立性,尽管他们有可能被促动,但普遍而言,这一时期他们缺乏团队目的、活动的相关信息,部分团队成员还有可能表现出不稳定、忧虑的特征。团队领导在带领团队的过程中,要确保团队成员之间建立起一种互信的工作关系。团队领导人通过指挥或"告知"式领导与团队成员分享团队发展阶段的概念,达成共识。

2. 激荡期

这一阶段形成各种观念,激烈竞争、碰撞的局面。项目团队获取团队发展的信心,但是存在人际冲突、分化的问题。团队成员面对其他成员的观点、见解，更想要展现个人性格特征。对于团队目标、期望、角色以及责任的不满和挫折感被表露出来。团队领导人领导方式转为教练式领导，强调团队成员的差异，相互包容。

3. 规范期

这一阶段所有规则、价值、行为、方法、工具均已建立。项目团队效能提高，团队开始形成自己的身份识别。团队成员调适自己的行为，以使得团队发展更加自然、流畅。领导方式转为参与式领导，有意识地解决问题，实现组织和谐，允许团队有更大的自治性。

4. 执行期

这一阶段人际结构成为执行任务活动的工具，团队角色更为灵活和功能化，团队能量积聚于一体。团队各项工作顺利推进、高效完成，没有任何冲突，不需要外部监督。团队成员对于任务层面的工作职责有清晰的理解，即便在没有监督的情况下自己也能做出决策，随处可见"我能做"的积极工作态度。领导方式转为委任式领导，让团队自己执行必要的决策。

5. 休整期

任务完成，团队解散。有些学者将第五阶段描述为"哀痛期"，反映了团队成员的一种失落感。团队成员动机水平下降，关于团队未来的不确定性开始回升。领导方式转为分离式领导，为了形成新的发展阶段，有必要介绍关于新项目的好点子。

（二）贝尔宾角色理论

R. 梅雷迪思·贝尔宾（R. Meredith Belbin）博士毕业于英国剑桥大学卡莱尔学院，经过和同事们多年在澳大利亚和英国的研究，他出版《管理团队：成败启示录》和《工作中的角色》这两本书，从而被誉为"团队角色理论之父"。贝尔宾角色理论的基本思想是"没有完美的个人，只有完美的团队"。主要观点如下。

（1）在团队中，每个成员都具有双重角色：职能角色和团队角色。职能角色是工作任务赋予个体的角色，是由个体的专业知识和专业技能所决定的；团队角色是个体与其他团队成员交互作用时表现出来的特征模式，是由个体的气质、性格所决定的。团队中的每个成员都是通过同时承担这两种角色而对团队目标做出贡献的。

（2）在团队中，不同的成员有不同的角色偏好，由于智力因素和个性特征等的差异，个体可能更适合某些团队角色，而不适合其他一些团队角色。

（3）团队中包含九种角色：智多星、外交家、协调者、鞭策者、审议者、凝聚者、执行者、完成者和专家。九种团队角色具有不同的角色特征和不同的可容许的弱点（见表14），一个成功的团队必须包含这九种角色。团队中不同角色承担者的优势互补，组成的团队才是有力的。团队的规模与这九种角色无关，一个团队成员可以承担多种角色，同时，多个成员也可以承担一种角色。

（4）团队中的每一种角色都有自己独特的行为特征，这些特征同时影响团队整体绩效和个人在团队中的绩效。

表14 九种团队角色具有不同的角色特征，可容许的弱点

角色	角色特征	可容许的弱点
智多星	具备创造力强、想象力，不墨守成规，能够解决难题	无视细节；包揽所有出点子的工作
外交家	性格外向、充满激情、善于沟通；寻找各种机会；拓展人脉	过于乐观；一旦最初的激情过后，便失去兴趣
协调者	成熟、自信，主席的优秀人选；澄清目标，推动决策，善于将职责下放	可能会操纵他人；把本属于自己的工作安排给他人
鞭策者	勇于接受挑战，充满活力，抗压能力强；具备克服障碍的内驱力和勇气	可能会惹恼别人；伤害他人的感情
审议者	沉着冷静，具有战略思维，独具慧眼，能看到所有选项；准确做出判断	缺少激励别人的内驱力和能力；过分挑剔
凝聚者	合作，温和，圆滑；倾听、消除摩擦，平息风波	困境中表现得优柔寡断；容易被人所左右
执行者	有条不紊，值得信赖，保守，高效；能把想法转变为实际行动	缺乏灵活性；对新事物反应迟钝
完成者	勤勉苦干、尽职尽责、焦虑感强；查找错误和纰漏	过度担心；不愿意授权，可能吹毛求疵
专家	一心一意，工作主动，勇于奉献；具备专一领域的知识与技能	只在狭窄的前端做贡献；沉迷技术；忽视全局

(三)学习型组织理论

学习型组织是美国学者彼得·圣吉在 1990 年出版《第五项修炼:学习型组织的艺术与实务》提出的概念:学习型组织是通过不断学习来改革组织本身的组织,是能让成员体验工作中生命意义的组织,是通过学习能产生创造自我、创造未来能力的组织,是高度柔性的扁平、符合人性的、能持续发展的组织。为使学习型组织理论易于推广和操作,彼得·圣吉在 1994 年出版了《第五项修炼·实践篇》《第五项修炼·寓言篇》。他在 1999 年出版的《变革之舞——学习型组织持续发展面临的挑战》中提供了关于变革管理的全新理念并从深层次探讨持续性变革与学习型组织,2000 年,又与他人合作出版《学习的学校》。"第五项修炼"系列图书涉及个人和组织心智模式的转变,它深入到哲学的方法论层面,强调以企业全员学习与创新精神为目标,在共同愿景下进行长期而终身的团队学习,从而发展出了影响世界的"学习型组织"理论,圣吉也被称为"学习型组织理论之父"。圣吉在研究中发现,要使企业茁壮成长,必须建立学习型组织,即将企业变成一种学习型的组织,并使得组织内的人员全心投入学习,提升能力在本职岗位上获得成功。学习型组织应包括以下五项要素。

(1)建立共同愿景。愿景可以凝聚公司上下的意志力,透过组织共识,大家努力的方向一致,个人也乐于奉献,为组织目标奋斗。

(2)团队学习。团队智慧应大于个人智慧的平均值,以做出正确的组织决策,透过集体思考和分析,找出个人弱点,强化团队向心力。

(3)改变心智模式。组织的障碍,多来自个人的思维习惯,例如固执己见、本位主义,唯有透过团队学习以及标杆学习,才能改变心智模式,有所创新。

(4)自我超越。个人有意愿投入工作,专精工作技巧的专业,个人与愿景之间有种"创造性的张力",正是自我超越的来源。

(5)系统思考。应透过资讯搜集,掌握事件的全貌,以避免只见树木不见森林,培养综观全局的思考能力,看清楚问题的本质,有助于清楚了解因果关系。

(四)群体动力理论

"群体动力理论"又可译为"团体动力理论",是由德国心理学家库尔特·勒温(Kurt Lewin)于 1932 年在美国斯坦福大学一系列研究的基础上创立的。群体动力理论借用了物理学中的"磁场"的概念,描述群体行为的产生机制,认为人的心理、行为决定于内部需要和环境的相互作用。群体动力理论主要是从社会心理学的角度,研究群体内部各因素和群体外部各因素,群体内部各因素之间,相互作用相互影响的过程。该理论认为,一个人的行为(B),是个体内在需要(P)和环境外力(E)相互作用的结果,可以用函数式 B=f(P,E)来表示。群体中各成员之间相互作用和影响,群体动力反应在群体内部,有以下一些关系:同伴依慕、权威关系、利群行为、合作、竞争、共生等。一般的群体动力系统包含三大要素:凝聚力、驱动力、耗散力。

(1)凝聚力。群体凝聚力是吸引成员维系在一起,保持某种关系模式的情感因素。就群体系统来说,作用最强的凝聚力因素来自其成员精神充实的程度,精神充实度越高,群体的凝聚力也就越大。凝聚力的 3 个构成要素是群体成员间的吸引力、群体目标和任务的吸引力以及加入群体所得到的威信。"团队精神""士气"与群体凝聚力是相关词,但不是同义词,前者是后者作用效果的直接表现。

(2)驱动力。群体的驱动力是创造群体效应、促进群体发展演化的动力因素。成员的追求、能力、兴趣、人际、意志等是群体驱动力的原动力。在群体中,这些原动力相互激发共同作用,可产生高于个体的效应。

(3)耗散力。在群体内各成员的相互激励不仅能产生凝聚力和驱动力,而且也会形成一个耗散势场,产生耗散力。耗散力的存在破坏群体凝聚,影响群体绩效,应努力避免。

五、创新与创新团队

(一)创新的起源

创新(innovation)一词的拉丁文为"innovare",意指"to make something new"。1912 年美籍经济学家熊彼特在《经济发展概论》一书中首次提出了创新的概念,他认为创新是把一种新的生产要素和生产条件的"新结合"引入生产体系。

20 世纪 60 年代,随着新技术革命的迅猛发展,美国经济学家华尔特·

罗斯托提出了"起飞"六阶段理论,将"创新"的概念发展为"技术创新",把"技术创新"提高到"创新"的主导地位。美国国家科学基金会也从 20 世纪 60 年代开始兴起并组织对技术的变革和技术创新的研究,迈尔斯和马奎斯作为主要的倡议者和参与者,在其 1969 年发布的研究报告《成功的工业创新》中将创新定义为技术变革的集合,认为技术创新是一个复杂的活动过程,从新思想、新概念开始,通过不断地解决各种问题,最终使一个有经济价值和社会价值的新项目得到实际的成功应用。到 20 世纪 70 年代下半期,他们将技术创新的界定大大扩宽了,在 NSF 报告《1976 年:科学指示器》中,将创新定义为"技术创新是将新的或改进的产品、过程或服务引入市场",明确地将模仿和不需要引入新技术知识的改进作为最终层次上的两类创新而划入技术创新定义范围中。

20 世纪 70、80 年代开始,有关创新的研究进一步深入,开始形成系统的理论。厄特巴克(J. M. Utterback)在 1974 年发表的《产业创新与技术扩散》中认为,"与发明或技术样品相区别,创新就是技术的实际采用或首次应用"。缪尔赛在 80 年代中期对技术创新概念做了系统的整理分析,他认为"技术创新是以其构思新颖性和成功实现为特征的有意义的非连续性事件"。著名学者弗里曼(C. Freeman)把创新对象基本上限定为规范化的重要创新。他从经济学的角度考虑创新。他认为,技术创新在经济学上的意义只是包括新产品、新过程、新系统和新装备等形式在内的技术向商业化实现的首次转化。他在 1973 年发表的《工业创新中的成功与失败研究》中认为:"技术创新是技术的、工艺的和商业化的全过程,其导致新产品的市场实现和新技术工艺与装备的商业化应用。"其后,他在 1982 年的《工业创新经济学》修订本中明确指出,技术创新就是指新产品、新过程、新系统和新服务的首次商业性转化。

我国从 20 世纪 80 年代以来开展了技术创新方面的研究,傅家骥先生对技术创新的定义是企业家抓住市场的潜在盈利机会,以获取商业利益为目标,重新组织生产条件和要素,建立起效能更强、效率更高和费用更低的生产经营方法,从而推出新的产品、新的生产(工艺)方法、开辟新的市场,获得新的原材料或半成品供给来源或建立企业新的组织,它包括科技、组织、商业和金融等一系列活动的综合过程。此定义是从企业的角度给出的。彭玉冰、白国红也从企业的角度为技术创新下了定义：企业技术创新是企业家对生产要素、生产条件、生产组织进行重新组合，以建立效能更好、效率更高的新生产体系，获得更大利润的过程。

进入 21 世纪，信息技术推动下知识社会的形成及其对技术创新的影响进一步被认识，科学界进一步反思对创新的认识：技术创新是一个科技、经济一体化过程，是技术进步与应用创新"双螺旋结构"（创新双螺旋）共同作用催生的产物，而且知识社会条件下以需求为导向、以人为本的创新 2.0 模式进一步得到关注。

（二）创新的概念与特征

创新是指人类为了满足自身需要，不断拓展对客观世界及其自身的认知与行为的过程和结果的活动。创新的本质是突破，即突破旧的思维定式和旧的常规戒律，是一种人的创造性实践行为。创新遍布社会发展的各个方面。党的十八大以来，习近平总书记不断强调创新对中国全面深化改革和发展的重要作用。他指出："创新是一个民族进步的灵魂，是一个国家兴旺发达的不竭动力，也是中华民族最深沉的民族禀赋。"抓创新就是抓发展，谋创新就是谋未来。人才是创新的根基，是创新的核心要素。创新贯穿人类社会的发展历程。理论创新、制度创新、技术创新、文化创新是创新的四大领域。

（1）普遍性。创新存在于一切领域，没有哪个事业、哪个行业、哪个领域是一成不变的。创新的能力有大有小，创新的内容和形式可以各不相同，创新的层次有高有低，但每个人、每个团体、每个行业都具有创新的潜能。

（2）独创性。这是创新的本质特征，创新就是要突破原来的框架和束缚，力求探索新的思路，运用新的思维方法，更深入地揭示事物的本质属性，寻找新的事物，新形态旧事物之间的差异，在"异中求同，同中求异"中产生新的质疑，找出新的发现，提出新的创见，实现新的突破，得出不同于以往和他人的、第一次创造且具有开拓性的崭新的结论和抉择。

（3）科学性。任何创新活动都必须遵循客观规律，符合客观实际，经得住实践检验，具有令人信服的科学性。这也是衡量创新是否具有"存在价值"的一条重要依据。创新的科学性还体现在它的现实性、继承性和功能性。

（4）艰巨性。有两个因素导致了创新的艰巨性：其一是由于创新的超前性，因为超前，所以可能得不到他人的理解和支持，甚至遭到反对，这给创新者造成很大的压力，并制造了艰难的创新环境。其二是由于创新本身，创新是做前人或他人没有做过的事情，实现创新的过程和方法都需要探索，因此带有不确定性和技术上的难度。

（5）综合性。创新活动是一种综合性极强的创造性、开拓性行为。任何学科、领域、部门、团队都是人为划分的结果，既然是人为划分，就可以人为打破，故创新也是无边界、无框架的。在专业知识面前，不同的行业、专业有着很大的差别，但在创新面前，规律是一样的，不同科学之间的原理可能是相通的，而且越是跨行业、跨领域的创新，越是能产生超乎寻常的结果。

（三）创新团队的概念与特征

自从熊彼特在《经济发展概论》中提出创新的概念，众多学者不断地研究驱动技术创新的因素，试图探索出提升创新能力的有效途径。经研究与实践发现，创新与团队的合作是提升创新能力的最有效的途径。通过团队建设开展协同创新和联合攻关已成为企业发展、科技创新的客观需求。创新团队是把创新精神制度化而产生的一种新的组织模式，是新观念和新方法的融合。国内研究将实体创新团队定义为：它由一群训练有素、充满了创造力的人组成的主要进行复杂系统创新活动的集体。创新团队作为一种新型组织模式是个有生命力的系统，由许多学科交叉、技能互补且扮演不同角色的相互依赖的人组成，这些人在团队负责人的带领下相互合作，以各自独特的方式在所处的环境中共同完成预先设定的创新目标。创新团队是创新理论和团队概念的杂交与融合，具有以下 4 个显著特征。

（1）创新团队有明确的研究方向和目标。团队研究方向可以是多年研究形成的，也可以在团队目标的指引下，结合原有的研究基础开拓出新的方向。研究的方向和目标可以根据科学和社会经济发展进行优化调整，但核心研究方向必须保持相对稳定。

（2）创新团队成员相互尊重、相互信任，团队氛围民主。创新团队的结构通常是扁平型的，强调"自由平等"，从而发挥团队成员的创造能力和责任感。

（3）创新团队成员优势互补。在围绕创新团队研究方向和研究目标的前提下，团队成员之间的年龄、性格特征、工作风格、人文素养、知识结构、能力、思维方式、研究经验等优势互补。

（4）创新团队能够持续地产生创新成果，尤其是重大的科技成果。创新团队由于目标明确，组织协调能力强，能够较好地胜任复杂的科技研发任务。

【参考文献】

[1] 赵冰华.应用型本科院校优秀教学团队建设与管理[M].南京：东南大学出版社，2019.

[2] 徐旦.中等职业学校教学团队建设研究[D].杭州：浙江大学，2017.

[3] 彼德·圣吉.第五项修炼：学习型组织的艺术与实务[M].郭进隆，译.上海：上海三联书店，1991.

[4] 刘清君.创新团队的建设与运行[M].北京：北京科技大学出版社，2016.

高职院校教学团队建设研究现状

摘　要： 当前针对高职院校教学团队建设主要涵盖以下五个研究方向：高职院校教学团队的内涵研究、高职院校教学团队类型研究、高职院校教学团队建设内容的研究、高职院校教学团队建设路径的研究以及高职院校教学团队建设运行机制研究。

关键词： 高职院校；教学团队；研究现状

随着高等职业教育改革的不断深入，从教育主管部门到学校，各主体在重视高职教师专业发展的同时，高职院校教学团队、"双师型"教师团队、创新团队、科研团队的建设也日渐引起重视。中国知网中篇名包含"高职院校"和"团队"两个关键词的文章有 700 余篇，本文围绕高职院校教学团队、教师团队等相关研究领域做简要综述，为高职院校教师教学创新团队建设研究奠定理论基础。

一、高职院校教学团队的内涵研究

20 世纪 80 年代，团队理论开始应用于教师工作领域，西方学者提出"同伴互助"（Peer Coaching）概念，提倡教师共同工作，形成伙伴关系，通过共同研学、示范教学以及有系统地教学练习和回馈等方式，彼此学习和改进教学策略，提升教学质量。20 世纪 90 年代中后期，我国一些高等学校开始组建学术团队或教学团队。2004 年，教育部印发《高等学校"高层次创造性人才计划"实施方案》，提出了培养高校创新团队以加强高校的创新能力和竞争实力。教学团队的概念则正式出现于《教育部、财政部关于实施高等学校本科教学质量与教学改革工程的意见》（教高〔2007〕1 号）。

在国内，关于教学团队含义的主要界定方式有两种。第一种是借用文件中关于对教学团队进行阐释。俞祖华等（2008）提出：教学团队是指为完成共同的教学目标、建设目标、由教学任务相近的教师组成，由教学水平高、学术造诣深的教授领衔与负责，有合理的知识结构与年龄结构，有有效的沟通与合作机制，有合理配置教学资源的途径，经常性地开展教学内容与教学改革的教研，经常性地开展教学经验交流，经常性地开展学术合作，实现优势互补，实现共同发展，实现携手前进的教师群体；强调教学团队是一个共同发展的教师全体，教学团队含义包含团队目标、团队活动机制、团队负责人等要素。孙丽娜（2007）认为高校教学团队由某一专业或某一课程的教师组成的，以提高教学质量为目标而相互协作、共同承担责任的教师群体，强调高校教学团队是高校教学组织的一种组织形式：主要以同一专业或同一课程为域而组成，目标是提高本专业或本课程的教学质量，协作意识和团队精神培养是高校教学团队取得成功的关键。刘勇兵（2009）提出高校教学团队是以提高教学质量和效果、推进教学改革为主要任务，为共同完成教学改革等教学目标而明确分工协作，相互承担责任的少数知识技能互补的教师所组成的团队。第二种是借用西方人力资源管理理论中关于"团队"的概念对教学团队进行阐释。刘凤春等（2011）强调教学团队含义包含成员数量，能力、年龄、教龄、职称结构，团队目标，团队合作等要素。陈喜春（2012）强调教学团队成员应具有自主发展意识和主动协作意识。

2006年，教育部出台了《关于全面提高高等职业教育教学质量的若干意见》（教高〔2006〕16号），明确提出要注重教师队伍的"双师结构"，加强专兼结合的专业教学团队建设。此后，众多学者对高职院校教学团队开展研究。胡柏翠等（2011）提出高职院校优秀教学团队就是以先进的职业教育理念为指导，以开发、设计和实施专业（群）人才培养方案为中心，以校企合作为工作平台，为完成某个教学目标而明确分工协作，相互承担责任的少数知识技能互补的个体所组成的团队。邵建东等（2012）提出高职院校"双师结构"专业教学团队是指以专业（群）为单位，由专业带头人、专业课教师、行业企业兼职教师、相对固定的公共基础课教师等组成，为实现共同的专业建设和高端技能型人才培养等目标，彼此知识技能互补、能协同高效完成所在专业的主要工作的教师群体。王晓萍等（2015）认为"双师型"教学团队是基于特定的高职教育教学目标,由高职专任教师和行业企业兼职教师组成的,具有特定素质能力结构和明确教学分工任务的专业教学合作群体。在高职院校教学团队研究中有专业教师团队、"双师型"教学团队、"双师结构"教学团队、课程教学团队等不同提法。

二、高职院校教学团队类型研究

类型不同的教学团队具有不同的团队目标,为保障教学团队建设和发展,有必要对教学团队的类型加以划分和规范,从而根据不同类型教学团队的特征和建设要求,制订不同的建设和发展策略。

在国内,邓显勇(2009)根据领导者特征将教学团队分成"猎豹型、羚羊型、斑马型和狼群型"团队。不同类型的教学团队其领导者应具有不同的心理类型、情感类型、人际关系类型、行为特征类型。邵建东(2013)认为教学团队有三种类型:第一种是师资教学团队,泛指某个系统的整体教师队伍;第二种是专业教学团队,指围绕某个具体专业,由专业教师、公共基础课教师、行业企业兼职教师组成的教师群体;第三种是以同一门课程为纽带的课程教学团队,指以承担相同课程教学任务的教师组成的单一课程教学团队和课程群教学团队。

在国外,教学团队类型丰富多样。有以学科为单元形成的团队,为本学科教师提供教学科研前沿信息,交流心得,共同成长;有以服务对象为单元形成的团队。目前美国高校中比较常见的教学团队有两种类型,分别是由教学促进中心组织的教学团队和以教学名师为中心组成的教学团队,前者包括单一学科教学团队和跨学科教学团队,著名的哈佛大学博克教学中心教学支持服务小组(ISST)就是享有盛誉的单一学科教学团队。德国政府为了提高教育教学质量,不仅促进基层学术组织开展团队合作,也大力推进校校合作。德国《蒂宾根"大学与中小学"会议决议》提到,给予公立学校和私立学校的教师自由组合的权利,加强中小学和高等学校的联系,促进高等学校和高级中学之间进行人事合作,实现合作共赢。

三、高职院校教学团队建设内容的研究

我国大部分学者均从国家和政府相关文件要求出发阐述教学团队建设内容，在高校教学团队建设内容研究方面，较为系统，也较为成熟。基于对2007年教育部和财政部联合印发的《关于实施高等学校本科教学质量与教学改革工程的意见》（教高〔2007〕1号）的政策解读，徐达奇（2006）认为，教学团队最重要的任务就是教学工作，建设重点是专业建设、课程建设、教学基地建设。任晓光（2008）指出教学团队建设应以课程建设为重点，以学科专业建设为导向，以人才培养为目的，最终实现资源共享、聚集优势力量，形成有一定影响力的教学研究队伍。其涵盖课程建设、实验室建设、实习实训基地建设、教材建设和师资队伍建设五个方面。俞祖华、赵慧峰、刘兰昌（2008）从内部结构、外部支持环境和教学建设进行阐述，指出内部结构建设包括团队成员、团队目标、团队精神建设，外部支持环境建设包括资源、评价体制、激励约束机制建设，教学建设包括教育教学改革、教学手段现代化、实践基地建设。马宁（2009）强调高职院校教学团队建设任务最终是要推出可供推广、借鉴的团队运行模式和建设经验，包括专业（专业群）建设、教学科研、社会服务、人才培养模式、产教融合、学生就业等经验。

在高职院校教学团队建设内容研究方面，教育部《关于全面提高高等职业教育教学质量的若干意见》（教高〔2006〕16号）提出，结合职业教育特点，强调打造"双师结构"师资，尤其是强调打造专任教师和兼职教师相结合的专业教学团队，以此提高教育教学质量，促进高职院校改革发展。冯菁菁（2013）提出高职院校教学团队的任务是优化结构、提高素质、造就名师。马慧萍（2014）基于教学团队制度建设，认为其内容应该涵盖人才培养、师资建设、教学研究绩效评价、社会服务五个方面。谢昆、向期春、陈立万（2015）认为，教学团队培育和建设要点包括结构合理的团队组成、情智双高的团队带头人、定位明确的团队目标，如此才能在统一的团队建设目标上逐渐形成合力，最终打造一支高水平的教学团队。

四、高职院校教学团队建设路径的研究

在国内,陶亦亦、胡清(2009)从多元课程模块出发,研究了基于多元课程模块的教学团队的特质和动因,提出了具体的组建路径,即以通识教育课程构建基本层教学团队,以职业技术基础课程构建支持层教学团队,以职业技术能力课程构建核心层教学团队,以特色课程构建互动层教学团队。邵建东(2010)提出了解决专业教学团队建设困境的基本策略:一是做好团队建设规划,逐步优化团队结构;二是集聚团队成员目标,提升团队整体水平;三是建立有效激励机制、激发团队成员潜能;四是改进团队支持系统,完善团队建设环境。周建松(2011)研究了高职院校专业带头人的建设机制、专业化、身份认同、能力模型构建、角色定位、培养与管理等问题。邵建东(2013)基于高职院校专业教学团队内涵和类型的分析,提出了专业教学团队建设的具体路径,即确立团队建设的科学理念、注重团队成员的互动合作、改进教学团队的支持系统和凝练富有特色的团队文化。王凤珍(2014)从"双师型"教学团队建设面临的问题出发,提出了完善教师"双向流动、互通互用"制度、提高教师的课程开发能力,培养专业带头人、注重校企一体化过程中培养团队骨干、实施"双师型"教学团队建设攻坚计划、倡导营造良好用人环境的实践举措。谭杰(2015)提出教学团队建设与教师能力提升的具体措施:一是积极组建团队式基层课程组织;二是努力构建研究、检查、竞赛的长效机制;三是促进科研教学的有机融合;四是制订科学合理的评价体系、绩效考核体系。

在国外,大多研究基于实证调研和案例分析的结果,提出提高专业教学团队建设成效的具体建议。如 Mckenzie(1998)认为,教学团队提升中重要的问题是,选择优秀的教师,对团队提供足够的支持,以及形成一种重视和奖励良好教学的环境。麦克唐纳(Macdonald)和沃尔什(Walsh)(2001)通过实证研究,认为教学团队的有效运行需要校方的政策和资金的支持,长期目标和近期目标相结合,由工程专业教师和教育专家组成教学团队,举行工作坊等研讨形式。Gladman(2014)的研究表明,良好的教学伙伴关系是有效建设团队教学的一个关键方面,合作伙伴比单独一个教师更能照顾学生的需要。

五、高职院校教学团队建设运行机制研究

吴小贻(2006)指出要形成开放、合作和互助的团队文化,营造有利于团队成员可以资源共享、精神相遇、个性自由表达、身心愉悦、情感流动的生存空间。都光珍(2009)指出要建立科学的评价机制,要围绕教学团队的内涵与特征、立足于学校人才培养的定位和要求来设计。曾明(2010)指出和谐包容的文化氛围是团队建立高效协作的内部管理机制的关键。代鸿顺(2011)指出学校应改变以往项目式组织结构的组织环境,建立起适应教学团队发展的矩阵式组织结构。林鹏(2013)指出要建立健全的制度约束机制,便于对人才资源、教学资源等要素进行优化配置,保障团队整体的稳定性。李维春、易小军、王敏等通过对四川、陕西、北京、浙江、广东这 5 个地区的 6 个国家级教学团队的 35 位团队成员进行半结构式访谈,深度讨论产教融合背景下校企混编教学团队建设的实践意义与现实困境;进而运用扎根理论研究方法,将校企混编教学团队建设策略系统范畴化为"团队建设—发展策略系统"与"团队建设—支撑策略系统",涵盖对接机制、共谋机制、共生机制和联动机制 4 个结构维度,共 10 个策略要素。李小燕、查道林(2018)认为制度与机制是一流教学和科研团队建设的基石、黏合剂、助推器和防火墙,应加大制度供给的力度、完善顶层设计方面的制度建设和建设长效高效的团队运行机制。

国内外学者对教学团队内涵、高职院校教学团队的建设内容、建设路径、运行机制已做了一定的研究,为进一步开展高职院校教师教学创新团队相关研究提供了良好的理论基础和可借鉴的经验。高等职业学校教师教学创新团队属于新生事物,要示范引领高素质"双师型"教师队伍建设,深化职业院校教师、教材、教法"三教"改革,教师分工协作进行模块化教学的模式全面实施,是职业教育改革的关键。

【参考文献】

[1] 孙丽娜,贺立军.高校基层教学组织改革与教学团队建设[J].河北学刊,2007(5):162-165.

[2] 俞祖华,赵慧峰,刘兰昌.本科高校教学团队建设的理论与实践探

索[J].鲁东大学学报(哲学社会科学版),2008(2):90-96.

[3] 刘勇兵.高校教学团队特征及建设目标分析[J].职教论坛,2009(S1):232-235.

[4] 刘凤春,陈希有,王林,等.高校教学团队建设的理论与实践[J].电气电子教学学报,2011,33(1):5-8,56.

[5] 陈喜春,王仲民.中职学校教学团队建设问题探析[J].科技资讯,2012(29):175,177.

[6] 胡柏翠,周德强,周良才.高职院校优秀教学团队建设的制度保障[J].职业技术教育,2011,32(11):62-65.

[7] 邵建东,王振洪.高职"双师结构"专业教学团队及其整合培育[J].高等工程教育,2012(3):167-171.

[8] 王晓萍,刘志峰.高职院校"双师"教学团队建设研究[J].教育与职业,2015(14):17-20.

[9] 邓显勇.领导者特征与团队类型的匹配研究[D].厦门:厦门大学,2009.

[10] 邵建东.高职院校教学团建设的误区及对策[J].中国高教研究2013(4):99-101.

[11] 徐达奇.地方工科院校的发展与定位[J].中国高等教育评估,2006(3):17-19.

[12] 任晓光.高等学校高绩效教学团队建设初探:以北京石油化工学院化工原理教学团队建设为例[J].国家教育行政学院学报,2008(5):43-45.

[13] 俞祖华,赵慧峰,刘兰昌.本科高校教学团队建设的理论与实践探索[J].鲁东大学学报(哲学社会科学版),2008(2):90-96.

[14] 马宁.高职院校国家级教学团队建设的实践研究[J].教育与职业,2009(27):29-31.

[15] 冯菁菁.如何建立一支优秀的高职专业教学团队[J].职业,2013(15):19.

[16] 马慧萍.高校教学团队制度建设研究[J].河南教育学院学报(哲学社会科学版),2014,33(2):70-73.

[17] 谢昆,向朝春,陈立万.地方高校应用型教学团队建设要点和途径[J].教育与职业,2015(23):53-55.

[18] 陶亦亦,胡清.基于多元课程模块的高职院校教学团队建设[J].
职业技术教育,2009,30(5):56-57,69.

[19] 邵建东.高职院校专业教学团队建设的困境及对策[J].金华职业
技术学院学报,2010,10(6):8-11.

[20] 周建松.高职院校专业带头人建设机制研究[J].高等工程教育研
究,2011(6):150-154.

[21] 王风珍.高职院校"双师型"教学团队建设途径探究[J].教育探
索,2014(6):106-108.

[22] 谭杰.教学团队建设与教师能力提升方式探析[J].教育与职业,
2015(13):76-78.

[23] MCKENZIE J. Enhancing university teaching with teaching
enhancement teams[J]. Innovations i Education and Training Internation,
1998,35(2):140-149.

[24] MACDONALD J,WALSH M. Educating enginering academies in
the work place through teaching communities[J]. International Conference
on Engineering Education,2001(8):17-22.

[25] GLADMAN A. Team teaching is not just for teachers! Student
perspectives on the collaborative classroom[J]. Tesol Journal,2014(7):130-148.

[26] 吴小贻.高校教学团队建设的思考:基于"调研"的视角[J].池州
学院学报,2014,28(4):137-138,142.

[27] 都光珍.加强教学团队建设的思考[J].国家教育行政学院学报,
2009(1):27-29,65.

[28] 曾明.高等学校教学团队建设的基本思路与制度保障[J].中国电
力教育,2010(3):14-15.

[29] 代鸿顺.提高教学团队建设水平的措施[J].淮南职业技术学院学
报,2011,11(1):65-66,70.

[30] 林鹏.关于中职学校专业教学团队建设的思考[J].价值工程,
2013,32(11):252-253.

[31] 李小燕,查道林,制度与机制:一流教学和科研团队建设的抓手
[J].中国高等教育,2018(Z2):58-59.

高职院校高水平结构化教师教学创新团队建设研究

摘 要：教师是教育改革的母机，是学生高质量发展的动力源泉。高职院校高水平、结构化教师教学创新团队作为新型教学组织，是新时代高职教育改革的基石，是高职教育提质培优攻坚战的核心，在建设高水平专业群、实施"1＋X"证书制度、推进"三教"改革、建设"双师型"教师队伍等方面有着重要意义。新时期高水平、结构化教师教学创新团队建设需在科学理念、协同创新、制度供给、团队文化建设等方面下功夫。

关键词：高职院校；教学创新团队；建设路径

2019 年 1 月，国务院印发的《国家职业教育改革实施方案》（以下简称《方案》）提出多措并举打造"双师型"教师队伍，探索组建高水平、结构化教师教学创新团队，教师分工协作进行模块化教学。2019 年 5 月，教育部印发了《全国职业院校教师教学创新团队建设方案》提出未来三年要建设 360 个满足职业教育和培训实际需要的高水平、结构化的国家级团队。随后开展了首批国家级教师教学创新团队的遴选工作，8 月，教育部公布了首批 122 个国家级职业教育教师教学创新团队立项（培育）建设单位，覆盖了全国 27 个省（区、市）。2021 年 1 月，教育部下发的《职业教育提质培优行动计划（2020—2023 年）》任务（项目）承接情况的通知显示：全国 31 个省（自治区、直辖市）和新疆生产建设兵团都承接了"遴选 360 个国家级教师教学创新团队"这项任务，布点总数达 2350 个，预计投入经费 16.08 亿元。高水平、结构化教师教学创新团队建设已成为新时期高职教育改革的基石、提质培优攻坚战的核心。

一、高水平结构化教师教学创新团队的内涵

20 世纪 50 年代中期,美国在中小学开始推行团队教学,最早将团队理论应用于学校。20 世纪 70 年代以后,美国又将团队理论应用于高等学校。20 世纪 90 年代中后期,我国一些高等学校开始组建学术团队或教学团队。2004 年,教育部提出要培养高校创新团队以加强高校的创新能力和竞争实力。教学团队的概念则正式出现于《教育部、财政部关于实施高等学校本科教学质量与教学改革工程的意见》(教高〔2007〕1 号),按照文件的相关规定,国家共资助了 483 个高校创新团队,共立项建设了 1013 个国家级教学团队。这些教学团队的建设为整合我国高校的教育资源,对教师队伍整体素质的提高、创新性人才的培养都起到了重要的作用。《方案》中提出探索组建的高水平、结构化教师教学创新团队,在新时期赋予了结构化、创新、高水平等更明确的要求与目标。

(一)结构化是首要特征

"团队角色理论之父"梅雷迪思·贝尔宾(Meredith R. Belbin)指出,高效的团队必然有一群技能互补的团队成员组成。教师教学创新团队的结构化一方面体现在成员的学缘结构、年龄结构、专业技术职务(职称)结构、知识技能结构、不同角色的结构等,另一方面,还体现在团队成员来源结构,须有部分来自行业、企业的技术技能型人才和专家、学者。《全国职业院校教师教学创新团队建设方案》要求团队成员中 50％以上是"双师型"教师,高级专业技术职务(职称)占 40％以上,来自行业企业且有五年以上相关工作经验的高级技术人员不少于 3 名。合理的团队结构促进成员的优势互补,扩大跨学科教学和研究的覆盖面,形成互帮互助与良性竞争共存的内部生态体系。

(二)创新是动力之源

创新的本质是突破,是一种创造性实践行为。人类社会的发展是不断创新的过程,创新是社会发展不竭的动力源泉。《方案》就是为应对职业教育存在的问题与困境而提出的制度创新,其中至少涉及"1＋X"证书制度,

职业教育"双师型"师资聘用、试用制度等十大制度创新。普遍性、独创性、科学性、艰巨性、综合性是创新的五个主要特征。职业教育类型的转变意味着范式的变化,是一种制度创新,要建成专业特色鲜明的类型教育,需要职业教育在深化产教融合、校企合作的基础上,进一步深化职业教育培养模式和评价制度改革,运用创新思维探索分工协作的模块化教学模式改革、教材与教法改革,推动课堂革命。教学改革创新的落地,需要创新型教师教学团队来落实。

(三)高水平是建设目标

中国特色高水平高职学校和专业建设计划(简称"双高计划")是我国继普通高等教育推出"双一流"建设后,国家在高等教育领域的又一次重要制度设计,目的是建设一批引领改革、支撑发展、中国特色、世界水平的高等职业学校和骨干专业(群)。高水平、结构化教师教学创新团队建设既是"双高计划"建设的重要目标,也是服务"双高计划"建设的重要组织形式。高水平体现在要示范、引领新时代高职院校高素质"双师型"教师队伍建设,深化高职院校"三教"(教师、教材、教法)改革,为职业教育"增值赋能、提质培优"提供强有力的师资支撑。

结合上面分析,本文将高水平、结构化教师教学创新团队内涵理解为:以立德树人为根本任务,在先进教育理念指导下,由知识与技能互补的专兼职教师和来自行业企业能工巧匠组成,能运用创新思维探索分工协作的模块化教学模式改革、教材与教法改革,推动课堂革命的教学基层组织。

二、高水平结构化教师教学创新团队建设的意义

(一)专业群建设的提速器

新时期专业群建设已成为高职院校核心竞争力提升和创新发展的新启程。2019年12月,56所国家高水平建设高职院校、141所高水平专业群建设高职院校的公布,拉开了新期高职院校高质量发展的大幕。当前我国经济和社会发展正处于一个大发展、大变革、大调整的时期,新兴产业和新兴行业发展迅速,产业之间的关联度也在持续加大,产业链或岗位群之间的界

限日趋模糊。高职院校人才培养仅靠个体专业单打独斗已无法满足高质量、创新发展的新要求,团队作业方式已成为高质量人才培养的基本策略。高水平、结构化教师教学创新团队的价值在于根据专业群的性质和要求,对接区域行业企业工作岗位和工作标准,创新人才培养方案和教学模式,适应经济社会产业转型升级与产业集群式发展趋势,培养复合型技术技能人才。高水平专业群建设离不开高水平教学创新团队的支撑,高水平、结构化教师教学创新团队,是专业群高质量发展、特色发展、持续发展的提速器。

(二)"1＋X"证书制度建设的助推器

"1＋X"证书制度是职业教育作为类型教育的重要体现,是推动新时期职业教育改革的重点,是新时代国家职业教育改革的重要突破口。"1＋X"证书制度核心特征是"书证融通、育训结合、多元评价"。书证融通要求职业技能等级证书培训内容和专业人才培养方案、课程设置的有机融合,需要教师能很好地掌握职业技能等级证书标准并能开展教学培训活动,因此,需要教师不断提升教学能力来适应教学内容、教学组织形式、教学过程、教学和实践场所的变化。育训结合将打破我国职业教育典型的学历教育和非学历教育二元结构教育体系,校内外的教育培训可以互通,进一步强化职业教育体系的培训功能,服务于学生的可持续性生涯发展。教师面对不同的教育对象,要提高培训能力,提高培训质量。多元评价来源于"1＋X"证书制度的主体的多元化,对高职院校教师来说,教育教学水平将受到政府部门、高职院校、行业企业、培训评价组织的多方评价。"1＋X"证书制度是一项系统工程,涉及人才培养模式、教学内容、评价模式等多方面的改革,是教师个体无法完成的任务,必须有一支结构合理、深刻理解"1＋X"证书制度内涵和意义的教师教学创新团队来服务学生"1＋X"的学习,助推"1＋X"证书制度顺利实施。

(三)"三教"改革的助跑器

推进教师、教材、教法改革是高等职业教育高质量发展的重要切入点。教师、教材、教法三者是一个不可分割的整体,解决了谁来教、教什么、怎么教的问题,这三者构成职业教育人才培养与评价的逻辑闭环。教师是职业教育教学改革的母机,是"三教"改革的关键;教材是课程建设与教学内容改革的载体;教法是改革的路径,教师和教材的改革最终要通过教学模式、教学方法与手段的变革去实现。高职教育作为一种类型而存在,教什么、怎么教是一个需要深入研究的问题。"教什么"属于课程建设范畴,高职教育要深度推进能力本位课程建设,强化职业能力开发与实施是课程改革的主要突破点。真正的能力本位课程要求直接把职业能力清单作为教学内容,即每种职业能力就是一个教学模块,而不是仅仅把职业能力作为教学目标。"怎么教"属于教学论范畴,要着眼于促进课程系统与教学内容的优化,通过高水平、结构化教师创新团队建设,形成教育教学改革的合力,推动学校与企业的深度合作,开发课程、重构教学流程,实行项目化教学、情景式教学、工作过程导向教学,打破学科教学的传统模式。"三教"改革是一项系统工程,高水平、结构化教师教学创新团队已成为新时期推进"三教"改革的助跑器。

(四)"双师型"教师队伍建设的加速器

高职教育改革发展需要高水平的"双师型"教师队伍与之相适应,而高职院校教师的专业发展实际状况却并不理想。"双师型"教师和教师团队短缺,已成为制约高职院校高质量发展的瓶颈。2018 年我国高职院校专任教师有 49.8 万人,"双师型"教师占比为 39.7%,距离《方案》提出的"双师型"教师占专业课教师总数一半以上还有较大的差距。《2019 中国高等职业教育质量年度报告》也指出:高职院校生师比不达标、双师素质教师和高级职称教师比例过低等现象仍然存在,师资的专业结构和专兼结构也亟待优化。

高职院校教师要成为"双师型"教师是一个渐进性、持续性提升的过程,覆盖职前培养、在职培训、实践锻炼的全阶段,是教师从"能上课"到"会上课"再到"上好课"的优秀教师,提高实践教学能力,成长为行业专家、技术权威的过程。近年来,高职院校大量招聘了具有研究生学历的应届毕业生,虽然采取培训、培养、下企业等多种途径提升教师的生产实践技能,但"双师型"教师发展一般都是处于自身摸索的状态,缺乏教学团队的支撑。随着国家进入高质量发展的新时期,产业技术革新加快,行业企业的生产技术日新月异,信息技术的发展,"互联网+教学"也必将成为课堂教学的常态。结构化教师教学创新团队能与外部社会环境进行广泛的交流与沟通,能及时了解和掌握行业企业发展的最新动态,进而能够更好地满足学生对职业技能的需求。高水平结构化教师教学创新团队不仅是为学生提供所需技能的一种手段,更是促进教师自身专业发展的一种方式,教师融入教学创新团队,做团队的建设者,团队成员相帮互促,促进自身专业发展,必将加速"双师型"教师队伍建设。

三、高水平结构化教师教学创新团队建设的路径

(一)科学理念:教师教学创新团队建设的前提

推进高等职业教育现代化,重在理念、要在行动、贵在创新。教师教学创新团队建设是师资队伍建设的重要方面。首先要树立坚持党的领导、扎根中国大地办职业教育的理念。强化师德师风建设,把团队教师的思想政治教育和职业道德品质摆在首位。其次要树立遵循职业教育发展规律的理念。职业教育作为类型教育拥有具有独立的知识体系,产教融合是高职院校人才培养的主要方式,高职院高水平、结构化教师教学创新团队建设要根据类型教育自身发展特点和基本要求做出团队建设的总体规划。最后要树立立德树人、促进学生发展的理念。为国家经济发展培养高素质技术技能人才是高职教育价值取向,高职院校要成为培养"大国工匠"的主阵地,要根据技术技能人才培养的特点,开展人才培养模式、专业课程建设、模块化教学、人才评价机制等教育教学改革,促进学生发展。

(二)协同创新:教师教学创新团队建设的核心

"协同"是指将两个或者两个以上的不同资源或者个体进行协调,从而使其能协调一致地完成某一目标的过程或能力。高水平、结构化教师教学创新团队建设需要协同创新是职业教育的"跨界"教育特点决定的。教师教学创新团队建设要充分发挥团队教师之间协同,团队与企业、行业机构之间的协同,把产业、行业、企业的先进技术、优秀文化、产业发展等元素融入高职教育的各个环节,最大程度地推动教师教学创新团队发展。

教学创新团队的高水平取决于所有团队成员形成的合力。没有完美的个人,但有完美的团队,靠教师单打独斗的教育随着国家进入高质量发展的

新时期已成为历史。高职院校教学团队一定要充分发挥团队成员结构化特点,发挥每位成员的优势和专长,建立互动合作的机制,形成一个相互合作又分工协作的教学共同体,发挥团队成员的协同作用。产教融合的人才培养模式需要学校与行业、企业的深度合作,产教融合型企业建设要求企业开展实质性校企合作,构建校企命运共同体,为教师教学创新团队与企业、行业协同创新提供了坚实的基础。要充分发挥行业企业在高职教育教学改革中的协同创新作用,行业企业要深度参与人才培养方案制订与完善的全过程,切实参与到项目化课程与活页式教材建设、职业技能等级标准的制订、校内外实训基地建设、教学资源库建设等教育教学改革中去。

(三)制度供给:教师教学创新团队建设的保障

制度是指在一个社会组织中要求其成员共同遵守的办事规程。高职院校培育和建设一支高水平、结构化教师教学创新团队,必须根据教学团队建设的规范要求,建立对团队建设具有指导性和约束性、鞭策性和激励性、规范性和程序性的制度体系。

职业教育管理的最大特点就是办学的开放性、综合性、灵活性。高水平、结构化教师教学创新团队建设作为一项系统工程,制度建设需要校内各部门的相互协同,创新团队建设需要有创新的管理制度体系,要从管理转变为服务。杭州科技职业技术学院 2020 年 3 月新出台的《高水平结构化教师教学创新团队建设方案》从总体目标与要求、建设任务、团队负责人的培养与选拔、立项条件、教师培训、激励机制、考核评估、资金保障、示范推广等方面做出顶层设计:在建设流程上,按申报—立项—建设—中期考核—再建设—评估验收—确定的创新方式,加强建设过程的服务指导、强化过程评价;在考核评估中以高职院校教育教学改革成果为导向,设立 15 个可选的标志性成果,根据团队本身的情况,完成 8 项为最低建设标准。

(四)团队文化:教师教学创新团队建设的关键

团队文化是指团队成员在相互合作的过程中,为实现各自的人生价值,并为完成团队共同目标而形成的一种文化。团队文化是教学创新团队构成要素之一,凝练富有特色的团队文化是教师教学创新团队可持续发展的关键。教师教学创新团队的生命力、创新的动力来自团队成员富有创造性的劳动。学校和团队都要塑造有利于激发团队成员主动性和积极性的文化,团队成员要积极营造团队文化,并渗透到教育教学的全过程,实现文化育人。

高职院校教师教学创新团队可以从以下三个方面凝练富有特色的团队文化。一是体现产教融合的文化。结构化的教师教学创新团队成员中少不了来自合作企业的专兼职教师,团队建设需要整合学校、企业的各种资源,团队文化要将学校的校园文化与合作企业的企业文化相互交融合,形成的独特的教师教学创新团队文化。二是弘扬工匠精神的文化。工匠精神是一种精益求精、力争极致的精神理念。教师教学创新团队建设中培育工匠精神,对于建设高水平团队具有重要意义,同时对学生工匠精神的培养起到十分重要的作用。杭州科技职业技术学院每年举办的"天工文化节"("天工"源于著作《天工开物》)彰显了该校的办学特色和智能制造教学团队崇尚技术、弘扬工匠精神的团队文化。三是体现专业特色的文化。教师教学创新团队一般都以专业为单位进行组建,不同专业对学生有不同的能力和素质要求,团队文化需要专业特色相融合。如杭州科技职业技术学院智能制造教学团队以鲁班精神为团队文化的核心,体现专业特色。

高职院校高水平、结构化教师教学创新团队是一种新型教学组织,它的建设是一项系统而复杂的工程,不只是形式上的组建,更重要的是加强团队的内涵建设。2020年底,教育部公布全国29项职业院校教学创新团队建设体系化课题,进一步开展教师教学创新团队建设研究。2021年1月,教育部教师工作司司长任友群在教育部新闻发布会上指出:目前已建立229个省级教师教学创新团队、校级1200余个、40余个省内团队协作共同体。高水平、结构化教师教学创新团队除了要在建设理念、协同创新、制度供给、团队文化等方面下功夫外,还要在团队负责人培养、团队运行机制、团队激励机制等方面做进一步研究与实践。

【参考文献】

[1] 姜大源.跨界、整合和重构:职业教育作为类型教育的三大特征[J].中国职业技术教育,2019(7):9-12.

[2] 丁金昌,陈宇.高职院校"以群建院"的思考与运行机制[J].高等工

程教育研究,2020(3):122-125.

[3] 李国成,寿伟义."1+X"证书制度背景下职业院校教师专业发展面临的挑战与应对[J].河北职业教育,2020,4(1):106-108.

[4] 翟帆.复盘职业教育改革"大棋"[N].中国教育报,2019-12-30(11).

[5] 徐国庆."双高计划"高职院校建设应主要面向高职教育发展的重难点[J].职教发展研究,2020(1):1-7.

[6] 向燕玲,李国成."1+X"证书制度背景下高职院校教师发展路径新思考[J].新疆职业教育研究,2020,11(3):44-47.

[7] 宋昊.新时代我国社会救助多元主体协同机制研究[D].长春:吉林大学,2020.

[8] 邵建东.高职院校教学团队建设的误区及对策[J].中国高教研究,2013(4):99-101.

[9] 徐旦.职业院校教学团队文化建设的逻辑路向和基本策略:基于组织文化理论视域[J].职教论坛,2016(29):38-42,46.

(本文刊载于《职教论坛》2021 年第 3 期)

第七章

教师教学创新团队
建设案例

《全国职业院校教师教学创新团队建设方案》指出：打造一批高水平职业院校教师教学创新团队，示范引领高素质双师型教师队伍建设，深化职业院校教师、教材、教法"三教"改革，引领各地各校因地制宜做好省级、校级团队建设。教育部分二批确定了 364 个国家级教师教学创新团队的立项(培育)建设单位。各省级教师教学创新团队建设都在推进中，如浙江省教育厅等八部门 2021 年 10 月印的《浙江省职业教育提质培优行动计划(2021—2023 年)》提出要建设 100 个省级教学创新团队，2022 年 1 月公示拟认定浙江药科职业大学药品质量与安全等 37 个高等职业学校教师团队、杭州市旅游职业学校园林技术等 13 个中等职业学校教师团队为首批浙江省职业教育教师教学创新团队。

国家级教学创新团队

——物联网应用技术团队建设方案

摘 要：浙江省 A 校物联网应用技术团队是 2021 年 8 月教育部公布的第二批国家级职业教育教师教学创新团队立项建设团队，本文为该校团队建设方案，为教师教学创新团队建设做参考。

关键词：教学创新团队；物联网应用技术；建设方案

一、建设基础

（一）专业特色

本专业为中央财政支持建设的国家重点专业、国家级骨干专业、浙江省"十三五"优势专业、浙江省高水平专业（群）组成专业、杭州市属高校新型专业、市属高校产学对接中高职衔接示范专业，建有国家级生产性实训基地—地下工程智能化实训基地和浙江省"十三五"示范实训基地—物联网技术应用综合实训基地，成功申报跟本专业相关的传感网应用开发、物联网智能家居系统集成和应用以及 WEB 前端开发 3 个"1＋X"证书试点项目。团队成员参与浙江省重大科技攻关项目"天然气膜法净化工程真空系统"（排名 2/5），获得浙江省科技进步三等奖；参与 2021 年度浙江省重点研发项目"智能成套专用装备研发及应用—新型硬脆材料精密加工智能装备研发与应用示范"（排名 8/19）。

本专业以服务浙江省和杭州市数字经济为主要目标，培养符合区域经济发展的复合型、创新型高素质专业人才，近五年累计培养专业人才 1500余人，主动服务"一带一路"，培养南非留学生 30 人。近两年毕业生专业对口就业率均为 100％，2018 届毕业生跟踪调查结果表明：本专业毕业相关度全省排名第 8，月收入远超全省同专业平均水平。

（二）工学结合

"四融四共"多方合力，产教融合提升专业教学质量。通过学校、企业、行业、社会之间的紧密融合，通过评价、分享和反馈，推动工学结合运行机制。由杭州市经信局等政府机关牵头，会同浙江省数字经济产教联盟、杭州市物联网协会等7家行业协会和海康威视、浙江中控等8家行业龙头企业，共建信核云计算产业学院、朗讯集成电路产业学院。近五年共同培育物联网行业专业人才1500余人、实现各主体间的利益融合，促进学校、企业螺旋式发展。

依托发改委"十三五"产教融合发展工程项目，同西门子等世界500强企业共建智能制造产业学院。与浙江大华合作开展现代学徒制人才培养，联合申报了浙江省"十三五"省级产学合作协同育人项目，基于学徒岗位课程，校内虚实结合、校外真岗实练、企业跟岗研学，校企协同开发10门学徒课程，80%以上课时由企业人员授课。依托杭州市工业物联网技能大师工作室和校级物联网研究所开展技术服务和成果推广工作。团队教师参与制订国家标准四项，带领学生共同参与企业项目研发。近5年完成企业横向课题20项，到账经费378万元，其中"无人机人工智能巡查"项目经费200万元，"自动弯线机控制系统开发"项目在2018年度产生经济效益2032万元。

（三）实习实训

构建"3+3+3"实训实习体系结构。组建教师、技师、工程师三个类型的师资团队，学生在学校、实习企业、就业单位三个不同实践情景下依次完成学校实训—企业实习—岗位顶岗的三层实训实践活动。制订《实习实训岗位职责》《学生实习实训管理制度》《校外生产实习管理制度》等多个规定，确保实习实训的正常运行。校内建有国家级生产性实训基地——地下工程智能化实训基地和浙江省"十三五"示范实训基地——物联网技术应用综合实训基地，总面积5513平方米，设备总值1563万元，实训室44间；建有传感器及测量实训室、电子产品生产制作实训室等6个基础实训室，单片机及嵌入式实训室、工业控制系统实训室等15个专业实训室。

此外，校内与世界500强ARM中国嵌入式人工智能应用技术示范基地、教育部产学合作协同育人项目—嵌入式技术开发联合实验室、智能制造职业技能评价考试站。与行业龙头企业海康威视、浙江大华等22家上市企业建立紧密校企合作关系,每年提供学生顶岗实习岗位150个,就业岗位100个。

(四)教学资源

融合物联网应用技术、电气自动化技术、应用电子技术专业,通过"分方向培养"构建"三层次五模块"课程体系,形成专业基础、核心、拓展三层次和公共基础、专业基础、物联网智能终端开发方向、物联网系统集成方向、物联网技术服务方向五个模块。以"培养方案优化、模块化课程体系构建、课程项目化设计、课程思政、学期项目实施、课堂教学改革、社团创新活动"七环节为抓手,把创新型人才关键素质内涵"创新意识、创新思维、创新品格、创新能力"等培养融入整个教学过程,构建"多维度、多元化"评价与激励机制,实现创新型技术技能人才素质内涵精准培养,形成专业创新型复合型高素质技术技能人才培养模式。

通过实施"一周一任务,一学期一项目"的项目化课程,优化专业课程教学设计。重点建设专业核心课程5门、专业拓展课程13门。构建立体化教学资源,各课程平台含图文、视频等资源1873个,总访问人数3450人,总访问量12.67万人次。主持国家职业教育专业教学资源库项目2项、参与国家教学资源库4项;主持国家精品课程1门、主编国家规划教材3部,主持省级精品课程2门、省级精品在线开放课程2门,主编省级新形态教材1部。

(五)教学方法

基于校企协同,构建创新教育实践平台,校内虚实结合、校外真岗实练、企业跟岗研学。采用线上线下融合的多种教学方法,保证学生个性发展。注重课程思政建设,融入爱党爱国、职业素养等元素。相关4项课题获省级教学改革项目立项,专业培养成效获浙江省自动化学会教学成果一等奖。

开展理实一体化教学。在第一课堂,通过电路与电工基础等专业基础课程训练学生基本技能,通过嵌入式技术与应用等专业核心课训练学生应用能力,通过物联网工程构建与实施等综合实训培养学生综合能力。第二课堂以社团工作室为平台,以小制作激发学习兴趣,以各级竞赛磨砺工匠精神。同时,发挥技能大师工作室和校企共建基地的作用,多渠道培养学生的创新精神。学生雏燕社团获得浙江省省级优秀学生社团。

实施开放性、多元化的教学评价。核心课程均将创新设计案例作为课外提升项目,纳入课程考核体系。拓展课程均引入企业教师参与教学,校企共同评价。相关 2 项课题获省级教学改革项目立项。

(六)行业影响

(1)学校为全国行业人才培养联盟(首批国家示范)牵头单位。

(2)学校为长三角电子信息职业教育集团成员单位、全国人工智能职业教育产教协同创新联盟副理事长单位。

(3)学校为浙江省高职高专自动化类教学指导委员会主任委员单位。1位团队成员担任委员兼任秘书长,参与工业自动化和控制系统网络安全领域四项国家标准制订并获通过;1位团队成员担任全国机械职业教育教学指导委员会智能制造专业指导委员会副主任;2位团队成员担任全国机械行指委自动化类专指委委员,牵头完成两个"1+X"职业技能证书标准。1位成员担任全国自动化行业协会副理事长,1位团队成员担任中国职业教育学会高职电子信息类专业教学研究会常务理事。

(七)社会服务

2020 年获批 WEB 前端开发"1+X"证书考核点,学生通过率 86.96%。CEAC 认证中心开展"计算机辅助设计工程师"等证书培训,年均超 490 人次,被评为全国示范单位。获批全国物联网技术应用专业人才实训基地、全国农村信息化专业人才实训基地、谷歌大学 Android 人才培养示范基地、Oracle 授权教育中心,完成全国师资培训超 2500 人次、杭州市经信委产业数字化专题培训达 4360 人次,养老服务管理系统培训、移民创业致富培训等 800 人次,杭州市退役士兵职业技能培训超 1500 人次/年。完成横向课题 20 项,经费超 378 万元;2020 年疫情期间服务杭州市口罩企业复工复产事迹被《中国教育报》报道。

二、团队水平

(一)师德师风

团队有全国劳动模范 2 名、国家万人计划教学名师 1 名,享受国务院政府特殊津贴 4 人,全国技术能手 2 人,省级优秀教师 1 名,省级师德先进个人 1 人,省级教坛新秀 1 名,市级荣誉 6 人次,专业党总支获评杭州市高校先进基层党组织。团队成员以德立身、以德立学、以德立教,广受师生好评。专业带头人是杭州市教育系统优秀教师,带头推进教学改革和课程思政育人,践行立德树人,指导学生社团获得省级优秀学生社团,深受学生喜爱。

(二)结构梯队

团队共有专兼职教师 20 名("双师型"专任教师 15 人,500 强企业高级技术人员 5 人),其中教授 5 人,副教授 7 人,高级工程师/技师 5 人,高级职称占比 85%,具有高级职业资格证书 3 人;博士在读 2 名,硕士以上占80%。40—49 岁 8 人,40 岁以下 6 人,团队成员年富力强,学历、职称、年龄、"双师结构"合理。团队成员学科结构合理,涵盖思政、数学、电子技术、网络技术、自动化、机械工程、软件工程、人工智能等多个领域,符合物联网跨学科特点和复合型高素质人才培养需求。团队成员协作实施第一、第二、第三课堂教学,共同完成教书育人任务。团队教师按模块划分为:公共基础模块、专业基础模块、物联网智能终端开发方向模块、物联网系统集成方向模块、物联网技术服务方向模块等 5 个模块,每个模块设负责人 1 名、2—4 名成员,共同进行模块化课程的教学设计、资源开发和教学实训。企业教师融入相关模块,并在能力训练、职业素养培养方面发挥了重要作用。两位全国劳模企业教师定期进校开展"劳模大讲堂",展示新时代劳模风采,彰显新时期工匠精神,让学生感受劳模的家国情怀,并从他们身上汲取精神营养、锤炼思想品质,树立做工匠精神的传承者、实践者、创新者的决心。

三、建设目标

打造国家"万人计划"教学名师领衔、专兼结合,"有理想信念、有道德情操、有扎实学识、有仁爱之心"、善教学能科研的高水平、结构化国家级教学创新团队,成为全国标杆。

(1)遵循"软硬融合,个性发展,人人出彩"理念,以增强本专业适应性、服务企业高质量发展为目标,探索"创新型、复合型、高素质技术技能人才培养模式",获国家教学成果奖1项。

(2)实施专业带头人工程、"双师素质"工程、博士工程、青蓝工程等师资激励政策,聘请企业专家为产业导师,通过外引内培,优化专业、年龄、职称、技能等结构。培养专业方向领军人才3个、建"双师型"名师工作室3个、70%教师出国培训、团队"双师素质"达100%,学生获国家级大赛奖项3个以上。

(3)利用"人工智能+""互联网+",开展"一周一任务,一学期一项目"等教法改革,实现专业能力(硬能力)和"团队合作、自主学习、与人交流、解决问题、创新意识与思维、创新品格、创新方法与能力"等素质能力(软能力)及"爱党爱国情怀、工匠精神、创新精神"等思政元素融合培养。编写新形态国家规划教材5本,建国家级专业或课程标准3个、国家精品在线开放课1门、数字化课程5门。

(4)综合企业需求及学生个性发展需要,实施群内"分方向培养",开设专业方向供学生选学,如物联网智能终端开发、物联网系统集成、物联网产品营销等方向,培养领军人才3名。

(5)实施模块化教学改革。按专业发展需要组建公共基础模块、专业群平台模块、专业方向模块,建模块化教学小组5支。

(6)组建物联网终端产品开发、物联网系统集成设计、工业物联网与智能产线等科研小组,通过为中小微企业数字赋能,提升团队技术服务能力与行业影响力。获省级以上科技项目3项、专利60个、省级科技进步奖1项、纵横向课题到款额300万元/年、年培训5000人、培训国际人员1000人、总到款额200万元。

(7)实施师德师风提升工程,开展"学党史,跟党走"等活动,提高教师的政治素养和职业道德；"以点带面"实施课程思政，实现教学相长。建课程思政示范项目 5 项，立项省级以上项目 3 项，获省级以上优秀教师等荣誉 3 个。

（8）实施"1＋X"证书制度，建证书相应课程组，引入 3 个证书实现课证融通，与企业合作开发证书 3 个。

（9）深化现代学徒制试点，深化产教融合。升级校外实习实训基地 15 个，与徐工信息公司等共建产业学院 1 个。

四、建设任务

（一）团队建设机制

（1）团队运行机制。建立团队成员动态遴选调整机制，确保本团队的战斗力；通过组织团队教科研等活动增进成员间的了解、合作和互信。

（2）团队师德师风建设长效机制。以党建为龙头积极开展"学党史，跟党走"等活动，引领师德师风建设；与意识形态工作相融合，充分发挥思政教育作用，以舆论力量带动师德师风建设，以榜样的力量引领团队发展；不断完善师德师风监督评价机制。

（3）校企、校际协同工作机制。联络 10 个以上创新团队建校际协作共同体，围绕团队建设、教学改革、技术服务等开展协同创新；与网新等 15 家名企合作，建校企命运共同体，促进产教融合。

（二）教师能力提升

（1）团队教师能力提升方案。对标国际一流，制订"四有""三能"（能理论教学、能实践教学、能应用研究）的高水平、模块化团队建设总方案、科研和技术服务能力提升方案、教学能力提升方案、师德师风建设方案。

（2）团队教师能力发展路径及能力标准。①科研与技术服务能力发展路径：派教师到网新等高新技术企业学工业互联网、大数据、人工智能等新技术，提升科技服务能力；组建 3 支科技团队，开展技术服务，定期下企业参与技术开发（访问工程师）；参加新技术培训、学历进修等。②教学能力发展路径：积极参加新教学法、信息技术应用等专项培训，学习境内外先进教学理念和经验，积极参与教学改革；组建5支模块化团队和课程建设团队，合作开展课程建设；定期开展教研活动；参加教学能力比赛等。③师德师风发展路径：开展"学党史，跟党走"等活动进一步提高思政素质；加强"三观"教育，提高思政觉悟；营造良好氛围，健全师德师风建设长效机制；关心教师心理健康，提高教师心理调节能力；每门课程开展课程思政，实现教学相长等。④能力标准：制订《教师教学能力评价标准》《教师科研与技术服务能力评价标准》《师德师风评价标准》等。

(3)团队教师能力提升测评方案。①测评对象：全体教师。②测评内容：知识技能、实践能力（包括教材分析、教学目标确立、教学方案设计、教学方法选择、教学语言运用、现代教育技术使用、教育教学研究能力）、基本素质（包括仪表举止、口头表达、思维能力、心理素质）。③测评方法：撰写教学设计、说课面试；同行听课；学评教。

(三)团队管理

(1)团队管理制度建设与落实。①制订实施《创新团队师德师风建设实施细则》；②制订实施《创新团队成员培训进修管理办法》《创新团队教、科研考核与激励办法》；③制订实施《创新团队青年骨干教师素质提升工程、高级专业技术职务人才工程实施意见》。

(2)团队成员分工协作情况。①×××负责"物联网智能终端开发"方向模块、×××负责"物联网系统集成设计"方向模块、×××负责"物联网技术服务"方向模块、×××负责物联网技术专业基础模块，并组建建设和教学小组；②×××负责团队总体建设，×××负责专业水平与服务能力提升，×××负责师德师风建设，×××负责课程建设和教学能力的提升；③开设如"物联网与智能线装调"的综合性训练课程，实现模块化教学，控制类老师、信息类老师分别负责辅导各部分内容，协作完成课程教学；组建课程建设小组、技术服务小组等，既独立又合作完成教科研项目。

(3)团队教师考核评价制度。①制订科研和技术服务考核办法，促进团队教师科技服务水平的提高；②制订教研、专业建设等考核办法，促进教学能力和效果的提高；③建立学评教、外聘专家督导评教、同行评价等制度，制订《师德师风建设实施细则》，促进师德师风和教学水平的提高。

(四)思想政治教育与技术技能融合的育人模式探索

(1)探索课程项目化翻转课堂等教法改革,实现思想政治与技术技能融合教育。项目课程教学分"团队组建、项目布置、上网自学、分组讨论合作完成项目设计、课程思政、课堂汇报设计思路与方案、现场答辩并鼓励学生提问、教师点评与完善、安装调试、考核评价"等步骤,实现专业能力(硬能力)和"团队合作、自主学习、创新意识与思维、创新品格、创新方法与能力"等素质(简称"软能力")及"爱党爱国情怀、精益求精工匠精神、合作精神、创新精神"等政治思想的融合培养。

(2)项目课程每个项目单元实施"一技术项目、一思政主题、一思政案例",思政主题有机融入、无缝对接,达到了润物于无声。

(五)校企合作

(1)校企共建教师发展中心或实习实训基地。①联合"工业互联网运维"X证书设备生产企业徐工信息、"智能线系统集成"X证书设备生产企业杭州景业在学校建"物联网与智能线产业学院",该产业学院既是教师发展中心又是学生的实习实训基地,师生依托产业学院完成设备开发、装调、培训、售后服务等;②与大华、海康等企业开展深入合作,建校外实训基地和师资培训基地,并聘请企业专家指导校内实训基地建设。

(2)校企共同制订人才培养方案。①成立由政、行、企、校专家组成的专业建设指导委员会。②"行、企"支持与配合学校每年开展专业人才需求与毕业生就业调研。"行、企、校"优化"基于能力递进的层次型模块化"课程体系结构。③"企、校"实施"共享人力资源计划",合作培养教师、开发相关教学资源;"行、企"与学校合作,共建校外实训、实习与就业基地。

(六)课程与课程体系建设

(1)基于职业工作过程构建课程体系。①综合企业需求及学生个性发展,提供多个专业方向供学生选学,比如开设物联网智能终端开发、物联网系统集成、物联网技术服务等3个方向,基于工作过程构建由公共基础模块、专业群平台模块、专业方向模块组成的课程体系;②对接职业标准,课程体系实现平台课共享、专业方向课交叉互融、融入X证书;③引入西门子、中控等企业优质资源,制订并实施模块化课程方案,建课程5门。

(2)按职业岗位(群)能力要求制订完善课程标准。①针对已毕业学生、相关企业及相关专家调研,精准获取物联网应用技术专业学生的主要就业岗位(群);②邀请相关人员对这些岗位进行职业能力分析,明确本专业学生应该掌握的知识、能力及素质;③专业老师在专家的指导下,及时引入新技术、新工艺、新规范,将 X 技能标准等融入开发课程体系和课程,并根据产业的发展动态调整。

(3)课证融通的探索。以"有利于学生拓展就业创业本领,缓解结构性就业矛盾"为目标,培养方案开发融入"物联网智能终端开发与设计、物联网单片机应用与开发、智联网应用开发、物联网安全评测、物联网工程实施与运维、物联网安装调试与运维"等 X 证书。

(七)新教法及模块化教学模式的探索及预期

(1)"一周一任务"新教法。实现软能力、硬能力、思想政治的融合教育。

(2)"一学期一项目"新教法。对多门专业课进行整合,开发融合多门课程、多项技术的工程项目,形成学期项目课程,每周进行 1 次检查与汇报。实施步骤与项目化课程雷同,实现软能力、硬能力、思想政治的融合教育。

(3)新教法之三。改革考核评价方式,保证培养效果。项目化课程和学期项目分别考核专业能力和"创新精神、团队合作精神、精益求精的工匠精神"等思政元素。

(4)模块化教学改革之一。按照专业建设需要组建对应"基础模块""专业基础模块""3 个专业方向模块"的模块化教学小组 5 支,开展模块化教学,促进学生"个性发展、人人出彩"。

(5)模块化教学改革之二。部分专业课程如"物联网与智能产线"实施工作过程导向教学,教师分工协作,形成模块化团队教学风格,实现教学相长。

(6)成果预期。获国家教学成果奖 1 项,省级科技进步奖 1 项。

五、质量控制

(一)质量控制目标设计

围绕打造国家级"善教学能科研"的专兼结合、高水平、结构化的教学创新团队的总目标,并将"有理想信念、有道德情操、有扎实学识、有仁爱之心"

作为团队成员的必备基本素质,本项目的质量控制目标为:①建设目标设计合理,建设指标明确可达。组织学校团队建设领导小组(校长担任组长)和专家咨询委员会对团队建设目标、分阶段目标、骨干成员个人目标等进行充分论证,确保整体目标合理,指标明确可达。②团队标志性成果达到预期,目标达成度100%。③建设过程中各分项的阶段性计划实施有效,目标达成度100%。④团队成员的个人目标按照既定计划实施有效,目标达成度100%。

(二)质量控制机制

为了达到质量控制目标达成度的三个100%,建立的质量控制机制为:①重目标分解落实,通过签订目标责任制的办法,将总体目标分解落实为阶段性目标和团队成员的个人目标,确保目标链形成闭环;②重过程性督查,建立质量标准,建立定期督查、限期整改的工作机制,确保全过程的质量控制和督查;③重阶段性考核,落实考核主体责任为团队负责人,同时分模块分层进行考核,将建设目标的达成度考核结果作为团队成员的校内各级各类考核评优和绩效奖金发放的重要依据。

(三)质量控制方法

1.以教学为中心,保障课程教学质量

(1)创建课程教学评价体制机制。借助于学校质量管理办公室,利用院校两级教学督导队伍和企业督导员,落实学校的全员听课制度,全面开展课程教学各环节的督导与评价;优化了学评教体制机制,通过学生信息员建立教学质量及时反馈机制,改变传统教学评价模式,建立以知识、技能获得感为主的学生评教方式;开展"金课""互联网＋精品在线课程"等教改项目的指导与评审;聘请著名课程专家对团队骨干教师拜师结对培养,并建立期满评价考核机制。

(2)选树优秀课程思政典型案例。通过典型案例推广,提升全员课程思政水平,切实落实立德树人任务。采用实效＋答辩评审的办法,选树课程思政优秀案例。分院督导组对课程思政案例课程听课考察课堂实效,优选案例入围答辩评审环节,讲清课程的思政目标,说明思政融入点、采取的方法和载体,更要结合实际课堂教学效果,谈自己对课程思政的反思。

(3)应用在线评价教学督导平台。组织院校两级督导实施线上线下结合的教学评价,在线发布《在线教学质量评价表》,收集听课评价,及时分析评价结果。每两周召开专题会议,发掘优质课堂,提出改进意见和建议,不断提升线上和线下教学的质量和效果。

2.以个人发展为导向,保障队伍建设质量

(1)建立质量标准和检查标准。对团队成员进行分类管理,建立骨干教师(副教授)发展标准、年轻教师发展标准、实训教师发展标准、企业教师发展标准等,并明确过程性检查标准和要求,便于全过程对建设的质量控制。

(2)签订目标责任书压实责任。对标各类成员的质量标准,学校与团队负责人签订团队建设目标责任书和个人发展目标责任书,明确负责人的职责和目标,以此推进团队负责人提升自身素养,做好团队建设的领头羊,带领团队前行。同期由团队负责人与团队骨干成员签订个人发展目标责任书,明确骨干教师每个人的教学、科研、社会服务和学生指导的总体目标及分年度目标,以此推进团队成员的共同努力奋斗,最终实现团队整体目标。

(3)落实定期督查和年度考核。分院团队建设保障小组以学期为单位,定期督查团队负责人和各类成员工作成效和进展,对于进展缓慢督促其限期整改;学校团队建设领导小组以年度为单位,对标目标责任制检查建设目标和指标达成度,对于完成优秀的给予评优评奖的倾斜;对于未完成的教师给予警告和相应惩戒。

3.以立德树人为根本,保障人才培养质量

(1)优选骨干成立技能竞赛指导团队。根据分院发展规划明确学科竞赛和技能大赛的主攻方向。根据主攻方向优选骨干教师成立单项竞赛指导团队。设立团队负责人,签订团队建设目标责任书和个人发展目标责任书。以学年为单位,以大赛奖项为主要指标,对指导团队进行考核。

(2)试点"创新班"教学改革培养专业精英。制订"创新班"教学改革方案,优选基础好、学习兴趣高的学生组建院级"创新班"。设立项目负责人和各方向负责人,采用集中授课与分方向研究相结合方式开展"精英教育"。以软件著作权、专利为主要指标,对"创新班"进行考核。

4.以社会服务促发展,保障团队可持续发展

(1)组建纵向科研团队共担科学研究项目。根据专业方向和技术特点,将团队中研究方向相近的成员组成长期性纵向科研团队,针对单项科研项目开展研发。设立团队负责人,签订团队建设目标责任书和个人发展目标责任书,定期召开研讨和交流,落实并考核科学研究目标任务。

(2)组建横向科研团队共担社会服务项目。根据社会服务项目需求,将团队中匹配项目各技术要求的成员组成阶段性横向科研团队,针对单项社会服务项目开展研发。设立团队负责人,签订团队建设目标责任书和个人发展目标责任书,在项目生命周期内以项目管理模式运作,落实并考核社会服务目标任务

六、成果应用

(一)成果转化及推广方案

1.建设成果辐射全国

(1)利用学校是省自动化教指委主任单位的优势,牵头举办省高职教育论坛及相关的专业系主任论坛,推广团队建设经验。

(2)牵头举办或积极参与全国高职院校教师教学创新成果交流会、教育教学创新论坛,展示团队创新成果。

(3)开发工业互联网、物联网与智能生产线等国培、省培项目,开展培训,交流团队建设经验。

(4)对口支援新疆、贵州等职业院校,推广团队建设经验。

(5)年接受 100 余次国内院校参观交流,推广团队建设经验。

(6)团队建设相关经验发表论文≥50 篇。

(7)依托精品在线开放课程在线等平台,推广教学资源及团队建设成果。

2.中国特色职教模式走向世界

(1)每年组织团队赴国外院校访问交流。

(2)每年接收欧美等 10 余个访问团。

(3)向"一带一路"沿线国家输出课程、教学标准、教学模式。

(4)利用南非、东南亚等教学点,培训当地师资和技术技能人才,推广团队建设成果。

(二)成果创新、特色、示范性及预期成效

(1)成果响应党的十九大报告提出的"建设知识型、技能型、创新型劳动者大军,加快建设人才强国支撑高质量经济发展的目标"以及国务院提出的"着力培养高素质劳动者和技术技能人才,为促进经济社会发展和提高国家竞争力提供优质人才资源支撑"的号召,遵循"软硬融合,个性发展,人人出彩"的理念,开展教学改革,培养创新型、复合型、高素质技术技能人才。

(2)创新团队探索物联网应用技术"创新型、复合型、高素质技术技能人才"的培养,明确此类人才应该具备的素质内涵,并探索出有效的培养途径和具体实施方法,实现素质内涵的精准培养。

(3)利用"互联网+",创新课堂教学模式,实现"创新型、复合型、高素质技术技能人才"素质内涵、专业知识技能、政治思想的融合培养。

(4)形成高职技术技能创新型、复合型、高素质人才培养模式,该类人才素质内涵的培养覆盖教学全过程、全部在校学生;成果以"培养方案优化、课程项目化设计、学期项目实施、社团创新活动、技能大赛训练、课堂教学改革、课程思政"等七环节为抓手培养"创新型、复合型、高素质技术技能人才",覆盖高职教学全过程;专业知识技能、素质内涵、政治思想的融合培养进方案、进计划、进课堂、进项目等,校内校外、课内课外、能力与素质结合,营造学生为主体全员、全程参与的氛围,全部在校学生受益,学生培养质量高。

(5)预期成效:团队获省级以上荣誉 3 项、省级以上教科研项目 8 项、国家教学成果奖 1 项、省科技进步奖 1 项。

七、保障措施

(一)组织保障

(1)校成立由法规处、人事处、教务处、产学合作处、计财处和公管处等部门参与的教学团队建设领导小组,由校长担任组长,指导团队的顶层设计、统筹协调团队建设所需场地、设备和人员、经费问题;聘请校外职教专家、行业企业专家建立专家咨询委员会,指导各项建设工作。

（2）分院层面,成立团队建设实施保障小组,由党总支书记和院长担任双组长,协调解决团队建设中所有问题;并强化党建引领作用,充分发挥专业党支部的战斗堡垒作用,提高团队的凝聚力和战斗力。

（3）继续发挥学校教师发展中心作用,搭建人才培训培养、教学能力提升、科研能力提升、沟通交流信息共享和咨询服务等五大平台;健全教师专业发展制度,实施青年骨干教师提升工程、教授工程和副教授工程等三大工程,护航教师发展;大力引进、培养高层次人才,优化团队结构。

（4）成立分院层面教师发展分中心,通过"科技大讲堂",团队中的校内外教师定期进行交流分享,强化教师间的团队协作,提升团队的合作精神和整体的教学、科研能力。

（二）制度保障

（1）校人事处进一步完善《教师培训与专业发展制度》,实现教师培训的常规化、制度化,提高在职教师整体素质,并建立起教师培训与教师考核、教师职务聘任等相挂钩的机制;制订《教学创新团队建设保障和考核奖励制度》,明确学校和分院对团队建设的场地、设备、经费和人员保障机制,将教师参加团队情况作为考核评价和职称晋升的重要依据。落实团队成员的专业化发展管理制度,优先支持团队与德国等职业教育发达国家开展师资交流与互派。学校对团队建设实行年度目标考核,对完成任务的教师在评优、评奖中倾斜。

（2）分院制订《教学创新团队校企共建共享制度》,明确构建校企命运共同体的体制机制;完善《企业导师制度》,通过制度保障校企人员互聘、资源共享、利益分享;出台政策奖励团队专兼职人员合作开展新技术的推广应用。

（3）实行团队带头人负责制,根据团队成员个人的专业化发展规划,统筹落实团队各成员的年度规划制订,并检查每个人的规划执行情况。

（三）条件保障

（1）杭州市大力支持学校发展,对学校的人员编制和建设经费给予大力支持。学校引进的高层次人才享受杭州市人才新政,市财政每年支持 5000

万元用于学校人才强校、专业群建设等内涵建设项目。

（2）学校制订《全面实施"人才强校"战略的若干意见》，每年1000万元人才发展专项资金对获批的教师创新团队给予配套经费支持。

（3）学校教务处、人事处等对团队申报X证书合作开发、课程建设、实训基地、教科研项目和专业技术职务晋升等给予政策倾斜。公管处对于团队的场地、设备更新优先保障。

（4）分院落实了团队建设所需办公场地和设备，并依托已有的校内物联网技术应用研究所的场地设备，支持团队的教改研究、技术研发；发挥长三角人工智能协作组织和全国机械行支委的平台作用，联合其他学校，共同开发专业、课程、实训基地等标准和资源，构建校校协作共同体，推广团队建设、模块化课程建设等成果，发挥示范引领作用。

物联网专业群新时代"课程思政"改革方法与路径研究课题研究方案

　　摘　要: 浙江省 A 校"物联网专业群新时代'课程思政'改革方法与路径研究"是教育部第二批国家级职业教育教师教学创新团队研究课题。本文为课题研究方案主要内容,为教师教学创新团队课题研究做参考。

　　关键词:课程思政;物联网专业群;课题;研究方案

一、课题设计论证

(一)选题依据

1. 理论价值

　　习近平总书记在全国高校思想政治工作会议上指出:"要用好课堂教学这个主渠道,思想政治理论课要坚持在改进中加强,提升思想政治教育亲和力和针对性,满足学生成长发展需求和期待,其他各门课都要守好一段渠、种好责任田。"在全国教育大会上,习近平总书记进一步要求"要把立德树人融入思想道德教育、文化知识教育、社会实践教育各环节",指明了开展"课程思政"教学的目的是完成好"立德树人"根本任务,这对高职院校更有针对性实现"三全育人",培养德技兼修的高素质技术技能人才,实施高质量的"课程思政"有重大意义。为了在高职院校的专业建设中更好地实现"课程思政",教育部《高等学校课程思政建设指导纲要》、浙江省教育厅《浙江省高校课程思政建设实施方案》对高校开展"课程思政"工作提出了明确要求。物联网专业群作为高职院校应对产业转型升级和数字化发展趋势对专业人才的需求而设立的新专业群,专业课程具有跨学科、前沿性强的特点,教师在面对"00 后"的新时代大学生进行授课时,要实现"课程思政"的目标,不仅要突出课程内容的新颖性与专业性,还要考虑学生的心理特点与兴趣,在将思想政治教育、行业道德教育、工匠精神教育与专业内容教学融合为一体。

作为国家级职业教育教师教学创新团队所在的专业群建设过程,通过"课程思政",把物联网专业课程的知识学习与政治思想品德的引导进行有机融合,是必然的要求。本研究在理论价值上可以为高职院校思想政治教育工作改革融合专业建设提供新的理论阐释空间和有益的创新内容,既契合了高校德育功能发挥的实际需求,又彰显了专业课程改革所必须体现的育人导向。同时,本研究所实施的"课程思政"结合新时代高职学生的心理特点,开展有针对性的引导与教育,探索可行的路径与方法,在理论上可以为新时代高职学生世界观、人生观、价值观和社会主义核心价值观教育提供基于专业建设的创新实践,有助于为物联网及同类专业的"课程思政"建设提供参考借鉴。

2. 应用价值

自教育部提出开展"课程思政"教学要求以来,高职院校一直尝试结合职业教育作为类型教育的内在逻辑来进行尝试。不同的专业或专业群都有结合本专业课程内容特点的创新尝试。就国内高职院校物联网相关专业的"课程思政"有关改革实践经验来看,本研究的应用价值如下。

(1)解决思想不统一的问题。绝大多数物联网专业群专任教师为纯理工科教育经历,面向学生开展思想政治教育的意识严重不足。因此,项目组希望通过研究和实践,帮助物联网专业群专任教师充分认识"专业教育"和"思政教育"相辅相成的作用,真正实现"把专业课程的知识学习与思政课的思想引导进行有机融合"。

(2)解决两张皮的问题。虽然专业课程在课程标准和教案中对课程的思政目标进行了描述,但绝大多数专业课程专任教师仍处于课程思政改革"不得其法"的状态。因此,项目组希望通过研究和实践,帮助物联网专业群专任教师真正挖掘课程和教学方式中蕴含的思想政治教育资源,掌握如何在教学实施过程中去体现这些思政元素,真正实现"显性教育和隐性教育相统一"。

(3)解决资源缺口的问题。虽然专业课程建设从线下转移到了线上,但课程建设的着眼点始终在于专业知识点和技能点。因此,项目组希望通过研究和实践,帮助物联网专业群专任教师在讲解来自实际的物联网技术应用案例同时,将思政元素融入课程的每一个部分,真正实现"润物细无声"。

综上所述,对物联网专业群新时代"课程思政"改革的方法和路径研究,具有较高的应用价值。

3.前期实践经验

项目组所在的物联网技术学院在专业建设和教学改革方面具有丰富的经验。学院物联网技术专业为中央财政支持建设专业、浙江省优势专业、杭州市中高职衔接示范专业,团队成员在研课题有:国家社会科学基金"十三五"规划教育学一般课题、浙江省教育厅教科研课题、国家精品资源共享课、浙江省精品在线开放课程、校级"互联网＋教学"优秀案例培育项目等。

同时,项目组在课程思政研究、实施方面也有较好的理论、实践基础。项目负责人长期从事高等教育人才培养与管理研究,出版学术专著《大学创业与创业型大学的兴起》《市场与学术的对话》两部,发表学术论文数十篇,曾参与主编义务教育《道德与法治》教材,现主持国家社会科学基金"十三五"规划 2020 年度教育学一般课题"高校科技服务乡村振兴的协同创新机制研究"(编号:BIA200202),熟悉高校人才培养和思想政治教育规律,在探索技术技能人才培养规律、推进职业教育高质量发展方面有较好的研究成果。项目组成员主持浙江省高等学校课程思政示范课程项目 1 项、浙江省高等学校课程思政教学研究项目 1 项,荣获校课程思政教学案例一等奖 1 项。2021 年 4 月,项目组成员在浙江省高等学校"红船精神＋"课程思政研讨会分享课程思政建设成果"'首创精神'指导下的信息技术类课程思政建设案例分享以'网站前端设计'课程为例"。

4.研究成果

(1)完成研究论文 2 篇。

(2)提炼"课程思政"工作制度(文本形式)1 份、《物联网专业群"课程思政"建设指南》1 份。

(3)"课程思政"示范课程 10 门,含全套课程材料和线上资源。

(二)研究内容

1.研究对象

本课题以物联网专业群课程思政改革的方法和路径为研究对象,重点研究团队建设、机制体制建设和示范课程建设。

2.主要目标

通过研究,组建课程思政建设团队,制订实施、保障机制,建设一批既紧跟物联网行业技术发展又富含思政元素的"课程思政"示范课程并逐步推广至专业群显性课程体系中的其他课程,打造一个以物联网专业社团、职业素养和劳动教育实践为载体的专业群隐形课程体系并延伸至校外实习环节,真正实现"用好课堂教学这个主渠道,其他各门课都守好一段渠、种好责任田,使各类课程与思想政治理论课同向同行"目标,并最终完成好"立德树人"的根本任务。

3.总体框架

把教师的思想工作放在研究内容的首位。教师是课程的实施者,是教学实践的主体,教师的育德意识和育德能力直接关系课程思政的质量和效果。专业教师能否接受、践行课程思政的新理念,适应课程思政的新要求,是能否构建学校德育新格局的关键。因此,研究团队把教师的思想工作放在研究内容的首位,着重解决专业教师只埋头做一个"对很少的东西知道很多、对很多东西知道很少"的"专家",力争改变教师对育人抱着"事不关己"的态度,倡导教师做有理想信念、有道德情操、有扎实学识、有仁爱之心的好老师。

通过组建联合团队,共同开展"课程思政"研究,通过建设示范课程,逐步推广给更多的教师,从而引导教师把"为了每一个学生的终身发展"作为核心理念,针对青年成长特点,聚焦青年思想关切,着眼于学生道德素养的熏陶濡染,加强正面引导、深入解疑释惑,努力把思想性、理论性、知识性与教学方式上的可接受性有机结合起来,不断增强思想政治教育的亲和力、感染力。

以制度设计服务课程改进。习近平总书记指出,"要增强制度意识,善于在制度的轨道上推进各项事业"。充分挖掘和拓展专业课程的育人价值,推动专业课程走向课程思政,同样有赖于相关制度的健全。通过完善院级课程建设制度,突出专业课程的价值取向,充分体现不同课程的特色与优势,形成特色鲜明、优势突出、交叉互补的教材内容体系;完善教师培训制度,进一步加强对专业课程教师的培训力度,鼓励其在教学科研工作中体现课程思政的理念;完善教学组织管理制度,强化教学方案设计和教学改革,开展教师教学比赛,注重典型示范和榜样塑造,以先进带普遍、以局部带全域。

最终,通过完善的制度设计,推动教师以其研究成果和实践成果反哺教学,实现教书育人、科学研究、社会服务相得益彰,推动构建课程思政的育人大格局。

以物联网专业社团、职业素养和劳动教育实践覆盖育人全过程。隐性课程对于"全过程"育人有着极其重要的作用,在知识、价值观念、行为规范、情感、态度、意志等方面对学生的个人发展有着较大的影响。通过在以"物联网专业社团"为载体的第二课堂中融入思政元素,有利于培养学生在职业规范、团队合作等方面的素质;通过"职业素养和劳动教育实践",有利于培养学生劳动精神等方面的素质。

最终,通过校内隐性课程的"课程思政"建设,并逐步延伸至校外实习、实践环节,对于实现"三全育人",对培养合格的新时代中国特色社会主义的建设者有着不可替代的作用。

以"四个通过""三个注重"抓示范课程建设细节,对于示范建设的课程,团队拟根据物联网专业课程特点,解决相关问题。

通过"为啥写程序"解决"为谁培养人"。将社会实际需求作为案例背景,引导学生用数字思维、物联网技术解决实际问题。从单一需求逐步过渡到数字经济建设、国家社会主义现代化建设,激发学生为国家、民族学习的热情和动力。

通过"兴趣＋钻研"解决"怎样培养人"。将物联网小游戏、小产品作为基础案例以激发学生学习兴趣,通过不断优化代码培养学生钻研精神,最终学生得以掌握物联网技术。

通过"编码规范"解决"培养什么人"。将编码规范、职业道德引入物联网应用系统设计、实现的全过程,引导学生成为合格的数字工匠。

通过"多元素融入"强化思政教育效果。公众号推文呈现"课前5分钟小故事"。故事内容包括职业素养、职业道德、工匠精神等,通过正面引导落实立德树人的根本任务。

同时,要求所有的示范课程建设小组注重以下三个方面。

(1)注重案例选择。从学习目的着手,以小见大,将学生用程序解决的一个小问题,逐步扩大到社会实际需求,进一步扩大到数字经济建设,最终扩大到社会主义现代化建设。激发学生的民族自豪感和为国家、民族学习的热情和动力。

(2)注重教学引导。团队首先通过物联网小游戏、小产品吸引学生学习兴趣后,然后采用抛出原型、分析效率、迭代原型的方式,引导学生不断优化项目代码,从而磨炼其精益求精的工匠精神。

(3)注重考核评价。教学团队不但将思政案例、编码规范贯穿课程全教学过程,在课程考核中思政元素占比也要达到50%,使得课程思政教学效果得以有效检验。

(三)思路方法

1.基本思路

本课题重点研究如何通过团队建设、机制体制建设和示范课程建设,探索出一条可复制和推广的路径,推动物联网专业群"课程思政"建设。课题研究基本思路如图5。

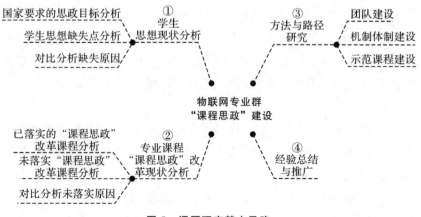

图5 课题研究基本思路

2.研究方法

(1)调查法:通过问卷调查,了解本校及兄弟院校物联网应用技术及相关专业学生思想现状;通过访谈,掌握物联网专业群专任教师课程思政教学改革现状。

(2)定量分析法:对问卷调查和访谈结果进行分析,归纳、研究思政工作短板和课程思政改革短板,确定研究的突破口。

(3)文献研究法:通过调查文献,了解、掌握同类院校现有研究成果。

(4)经验总结法:对试点工作进行归纳与分析,系统化、理论化先进经验。

3.研究计划

2021 年 11 月—2021 年 12 月,联合马克思主义学院,共同组建院级课程思政建设团队,制订项目实施、保障制度。

2021 年 1 月—2021 年 6 月,按专业和课程类别确定 5—10 门课进行示范建设,开展以修订课程标准和教案为目标的首轮建设。

2022 年 7 月—2022 年 8 月,对首轮建设课程进行研讨、提出修改意见。

2022 年 9 月—2022 年 10 月,开展以资源建设为目标的次轮建设。

2022 年 11 月—2022 年 12 月,评估建设成果,总结、归纳建设经验,形成报告和建设模板。各阶段主要任务见表 15。

表 15　课题研究各阶段主要任务

实施阶段	实施内容	实施方法
项目准备阶段	项目研究计划制订	通过调研同类院校课程思政展情况,明确项目研究的重点和难点,明确项目研究各阶段任务,签订建设任务责任书
	成员职责分工布置	根据项目团队成员特点,确定成员职责分工
	组建院级课程思政建设团队	联合马克思主义学院,吸收最少 1 名思政教师,共同组建院级课程思政建设团队
	制订项目实施、保障制度	根据研究计划和研究中重点,研判项目实施、保障制度和文件

续　表

实施阶段	实施内容	实施方法
首轮试点 建设阶段	确定示范课程并开展以修订课程标准和教案为目标的首轮建设	按专业和课程类别确定5—10门课进行示范建设,开展以修订课程标准和教案为目标的首轮建设
	确定隐性课程体系建设方案	确定第二课堂改革方案和《职业素养和劳动精神》课程标准
	研讨首轮建设成果并在全院推广	对首轮建设课程进行研讨、提出修改意见
次轮试点 建设阶段	开展以课程资源建设为目标的次轮建设	开展以课程资源建设为目标的首轮建设
	修订隐形课程体系建设方案	修订第二课堂改革方案和《职业素养和劳动精神》课程标准
	研讨、验收次轮建设成果并在全院推广	对次轮建设课程进行研讨、提出修改意见,验收示范课程
总结、 推广阶段	评估建设成果	根据建设任务责任书,内部验收项目组建设成果
	总结、归纳建设经验,形成报告和建设模板	撰写相关论文并发表,撰写项目总结报告,编制《物联网专业群"课程思政"建设指南》

(四)创新之处

1.深度挖掘,"重置"案例

通过研讨课程思政典型案例,学习先进经验,坚定专业群全体专任教师落实课程思政决心。在示范课程建设过程中,要求各课程团队分头收集案例并讲解,集体讨论实施过程中的讲解方式和文稿。每一位成员都参与案例制作,强化感受,保证思政元素传播到位。对思政元素的嵌入方式进行研究,确定最终案例。

2.线上线下,资源先行

确保示范课程同时适应线上、线下教学,完善教学视频资源建设,为每个知识点录制微课,将实施环节中思政元素相关视频提供给学生。计划完成部分示范课程的新形态教材建设。教材配套资源生成二维码,并以网络资源的形式提供给学习者。在教材附录提供相关职业规范和职业标准。

3.多元评价,体现效果

由于长期以来唯数量的评价导向,对专业课程的评价主要侧重于采用调查问卷、统计分析等方法。就专业性而言,评价标准单一;就课程思政评价的本身而言,需要将学生的认知、情感、价值观等纳入其中,体现评价的人文性、多元性。

因此,要求所有示范课程逐步将客观量化评价与主观效度检验结合起来,综合采用结果评价、过程评价、动态评价等方式,确立更为精细和系统的评价指标,充分及时反映学生成长成才情况,反映课程中知识传授与价值引领的结合程度,以科学评价提升教学效果。

二、研究基础和条件保障

(一)研究基础

1.前期相关研究成果

2021年5月,课题组成员主持的"C♯程序设计"被浙江省教育厅立项为浙江省高等学校课程思政示范课程;主持的"课程思政视角下信息技术类课程思政改革与探索"被浙江省教育厅立项为浙江省高等学校课程思政教学研究项目。

2.核心观点

解决"课程思政"工作存在的思想不统一的问题、"两张皮"的问题、资源缺口的问题,通过示范课程建设,归纳总结建设经验并逐步推广至专业群所有课程;通过隐性课程建设,覆盖学生学业全阶段,真正实现"用好课堂教学这个主渠道,其他各门课都守好一段渠、种好责任田,使各类课程与思想政治理论课同向同行"目标,并最终完成好"立德树人"的根本任务。

(二)承担项目

课题负责人及课题组成员承担的各级各类科研项目情况,包括项目名称、资助机构、资助金额、结项情况、研究起止时间等。

(三)条件保障

课题组主要成员均为校内在编教师,课题组负责人为学校校长,成员有二级学院的党总支书记、院长,也有学校马克思主义学院党支部书记,能够保障完成本课题研究的充足时间。

学校图书馆馆藏文献和期刊库的资料充足,其中国内外教育理论、高职教育相关的权威期刊20多种,校内教职工办公条件优良,为本课题研究提供了良好的科研条件。

校级教师教学创新团队建设实施方案

摘　要：教师教学创新团队要从上到下做好示范引领作用，同时要从下到上做好培育工作，不断深入推进"三教改革"。本文为浙江省 A 校教师教学创新团队建设实施方案。

关键词：高院院校；教学创新团队；建设方案

浙江省 A 校以"德业兼修，知行合一"为校训，以"人才强校"为发展战略，始终把教师的"四有"精神培养放在师资队伍建设的第一位，重视教学创新团队建设，现有国家级教师教学创新团队 1 个，省级教学团队 1 个，校级教师教学创新团队 10 个。近四年来，教学工作及业绩考核进入全省 A 等行列，2020 年，2 个专业群入选"浙江省高职高水平专业群建设名单"，学校迈入双高建设新阶段。以下为 A 校教师教学创新团队建设实施方案，为各校开展教师教学创新团队建设提供参考。

为贯彻全国教育大会重要讲话和中共中央、国务院《关于全面深化新时代教师队伍建设改革的意见》，教育部等四部门印发的《深化新时代职业教育"双师型"教师队伍建设改革实施方案》等文件精神，对照教育部印发的《全国职业院校教师教学创新团队建设方案》深化学校教师队伍建设改革，培育一批高水平教师教学创新团队，特制订本实施方案。

一、总体要求与目标

坚持以习近平新时代中国特色社会主义思想为指导，落实立德树人根本任务，加强师德师风建设，突出"双师型"教师个体成长和教学创新团队建设相结合，提高教师教育教学及其科研能力，增强专业实践和创新能力，促进产教融合、校企合作。有力保障"1＋X"证书制度试点工作，推进现代学徒制和企业新型学徒制，深化"德技并修、工学结合"的育人机制改革，推进"三教"改革。

二、立项条件

（一）团队师德师风高尚

全面贯彻党的教育方针，坚持"四个相统一"，推动全员全过程全方位"三全育人"。团队教师注重坚守专业精神、职业精神和工匠精神，践行社会主义核心价值观，以德立身、以德立学、以德立教，广受师生好评。团队负责人及教师无违反师德师风情况。

（二）团队结构科学合理

团队专业结构和年龄结构合理。专业课教师教学团队构成，一般应涵盖专业基础课教师、专业核心课教师、实习指导教师、兼课教师和企业兼职教师等，团队中"双师型"教师占比超过一半；公共基础课教师教学团队构成，可按学科组织申报，不按照"双师型"教师要求。教师教学团队成员一般10—20人且相对稳定。教师教学团队具有高级专业技术职称（职务）或相关高级以上专业技术职务教师占30％以上；成员至少有2名来自行业企业兼职任教。

（三）团队负责人能力突出

团队负责人一般应具有相关专业（学科）背景和丰富企业实践经历（经验）的专业（学科）带头人（负责人）；具有改革创新意识、较高学术成就、较强组织协调能力和合作精神；具有高级专业技术职务，年龄一般不超过55周岁；熟悉相关专业（学科）教学标准、职业技能等级标准和职业标准，具有一定的课程研发经验。

（四）教学改革基础良好

重视教育教学改革与研究，及时将最新研发成果融入教学，推动信息技术与教育教学融合创新，主持省部级及以上教学研究改革项目、产教融合项目的团队在同等条件下优先。专业（学科）特色优势明显，紧密对接杭州市数字经济、新制造业和现代服务业发展需求，校企合作基础良好。具备一定的中外合作基础，推动人才培养的国际交流与合作。

三、建设任务

(一)加强团队教师能力建设

制订省内一流的团队建设方案,建立健全团队管理制度,落实团队工作责任制。组织团队教师全员开展课程开发技术、信息技术应用培训以及专业教学标准、职业技能等级标准等专项培训,提升教师模块化教学设计实施能力、课程标准开发能力、教学评价能力、团队协作能力和信息技术应用能力、教育教学改革研究能力。支持团队教师定期到企业实践,学习专业领域先进技术,促进关键技能改进与创新,提升教师实习实训指导能力和技术技能积累创新能力。

(二)全面开展校企深度融合的双元育人实践

推进专业设置与产业需求对接、课程内容与职业标准对接、教学过程与生产过程对接。在团队建设、人才培养、教学改革、职业技能等级证书培训考核等方面协同创新。加强校企深度合作,推动学院与企业形成命运共同体,共建产教融合实习实训基地,在人员互聘、教师培训、技术创新、资源开发等方面开展全面深度合作、促进"双元"育人,切实提高复合型技术技能人才培养质量。

(三)构建对接职业标准的课程体系

服务"1"与"X"的有机衔接,校企共同研究制订人才培养方案,按照职业岗位(群)的能力要求,制订完善课程标准,基于职业工作过程重构课程体系,及时将新技术、新工艺、新规范纳入课程标准和教学内容,将职业技能等级标准等有关内容融入专业课程教学,促进职业技能等级证书与学历证书相互融通。研究制订专业能力模块化课程设置方案,积极引入行业企业优质课程,建设智能化教学支持环境下的课程资源,每个专业按照若干核心模块单元开发专业教学资源。组织团队教师集体备课、协同教研,规范教案编写,严格教学秩序,做好课程总体设计和教学组织实施,推动课堂教学革命。

(四)创新团队协作的模块化教学模式

以学生为中心,健全德技并修、工学结合的育人模式,构建"思政课程"与"课程思政"大格局,全面推进"三全育人",实现思想政治教育与技术技能培养融合统一。开展教学改革课题研究,探索"行动导向"教学、项目式教学、情景式教学、工作过程导向教学等新教法,支持每位教师形成特色教学风格。推动人工智能、大数据、虚拟现实等新技术在教育教学中的应用,有效开展教学过程监测、学情分析、学业水平诊断和学习资源供给,推进信息技术与教育教学融合创新。

四、实施流程

(1)遴选立项。二级学院自愿申报,填写《教师教学创新团队申报书》,向人事处(教师发展中心)提交申报材料。人事处(教师发展中心)组织专家评审,公布立项团队名单(分重点与一般),教师教学创新团队建设周期三年。

(2)培育建设。各立项二级学院校根据建设目标任务,细化团队建设方案。按建设方案逐步完成专业人才培养方案制(修)订、教学改革、课程建设等任务;提交中期项目绩效评价报告和诊断改进报告。

(3)验收认定。团队建设任务完成后,人事处(教师发展中心)统一组织成果验收,验收通过后正式认定为校级教师教学创新团队。验收基本条件为下列指标中至少达到 8 项(见表 16)。立项为省级以上的教学创新团队,校级教学创新团队免于考核验收,经费就高划拨。

表 16　教师教学创新团队考核指标

序号	考核条件
1	团队成员指导学生获一类学科技能大赛一等奖及以上 5 项
2	团队成员获省级以上各类教师竞赛二等奖以上 3 项或一等奖以上 1 项
3	团队成员省级以上教科研课题立项 2 项
4	团队成员发表教科研文章 15 篇,其中核心期刊至少 5 篇(出版专著可抵相应数量核心论文)

续　表

序号	考核条件
5	理工科横向课题到款达 200 万元，文科 50 万元
6	团队成员获发明专利 3 项
7	省级以上教学资源库建设 1 项
8	建成省级以上精品在线开放课程 2 门
9	出版省部级及以上重点或规划 5 部
10	团队成员国（境）外培训、访学（3 个月以上）2 人
11	团队成员立项市级以上名师（大师）工作室 1 项。
12	团队成员获省级及以上荣誉、或人才项目 1 项。
13	获"1＋X"职业技能等级证书的教师人数占团队成员的 50％。
14	团队新增博士研究生 1 人或新增教授 2 人
15	其他评审专家组认可的成果

　　注：以上项目要求是团队成员主持或排名第一完成。科研项目、论文级别由科技处认定、指导学生技能竞赛由教务处认定。

　　（4）团队提升。从教学创新团队建设成果优秀的校级团队推荐为市级以上高水平教师教学创新团队。总结团队建设的创新做法和优秀经验，凝练可复制、可应用的典型成果，在本校及本省乃至全国职业院校范围内进行推广。

五、保障措施

　　（1）经费保障。每个重点团队学校每年资助 10 万元、一般团队每年资助 6 万元，用于团队开展教学研究、课题研究、研讨培训、资源开发、绩效评估等工作。经费使用符合学校财务相关规定。

　　（2）政策支持。学校分批次选派团队负责人和团队主要成员外出培训和进修。团队教师参加教学类成果评选、专业技术职务评聘，同等条件下优先推荐。

(3)督查评估。加强项目管理,采取专家评估、第三方评估等方式开展中期绩效评价,形成诊断改进报告和绩效评估报告,强化成果产出导向,对未按进度完成建设任务、达不到绩效考核要求的,取消项目建设资格,停止经费使用。